江戸の改革者

蔦屋重三郎と田沼意次と松平定信

植村　美洋

歴史春秋社

はじめに

2025年のNHK大河ドラマ『べらぼう〜蔦重栄華乃夢噺《つたじゅうえいがのゆめばなし》〜』は、田沼意次が政治の実権を握っていた、いわゆる「田沼時代」と、意次失脚後の松平定信の「寛政の改革時代」に生きた蔦屋《つたや》重三郎《じゅうざぶろう》が主役の物語である。

江戸幕府が開かれて以来、歴代の将軍、老中など、その時代の幕閣がそれぞれ特徴的な政治をおこなってきたが、その中でも田沼意次と松平定信は改革者ともいうべき政策をおこなっている。また、この二人の政権のもとで、本屋の主《あるじ》であり編集者でもあった蔦屋重三郎は、出版プロデューサーとして、それまでにはなかった新しい出版物を数多く企画し、また、メディアプロデューサーとして喜多川歌麿《きたがわうたまろ》、東洲斎写楽《とうしゅうさいしゃらく》などの才能を見出して世に送り出している。そういう意味では、蔦屋重三郎も改革者といえる。

意次はそれまでの農業中心の政策から経済を重視する政策を積極的におこない、規制の多い江戸時代においては、比較的自由な社会風潮を生み出し、この田沼時代の中でさまざまな学問や文化が発展した。重三郎はそのような自由な時代のもとで、旺盛な出版活動を展開し大きく成長したのである。

一方で、商人を保護し自由な経済活動を発展させた結果、政治家や役人が商人たちと癒着し、賄賂が横行するようになり、社会秩序が乱れてしまった。意次は賄賂政治家としてのイメージが強い。しかし、はたしてそれは本当であったのか。

意次は、天明の飢饉、浅間山の大噴火、利根川の大洪水などの自然災害、そして、それらの社会不安の影響もあって起こった、大規模な打ちこわしの騒然とした中で失脚。その後に老中となった定信は、田沼時代の乱れた社会風潮を是正し、江戸幕府の立て直しのために「寛政の改革」を断行。改革の中で学問の統制と出版の統制がおこなわれ、その中で重三郎は、幕政を批判する出版物を出したということで処罰される。定信は、学問や文化に理解のない保守反動的な政治家としてのイメージができてしまうが、はたしてそれは真実のことだったのだろうか。また、重三郎は幕府に処罰されてどれほどの影響を受けたのか。その後の重三郎はどのようになったのか。

田沼意次と松平定信の政治をもう一度見直して、深く真実の姿にせまり、この二人の政治家のもとで生きた蔦屋重三郎の出版人、文化人としての活動、さらにひとりの人間としての実像を浮き彫りにしたい。

目次

序章　蔦屋重三郎と二人の権力者

一　蔦屋重三郎とはどんな人物だったのか

蔦屋《つたや》重三郎《じゅうざぶろう》とは誰か。この人物を知る人は少ないのではないか。しかし、喜多川《きたがわ》歌麿《うたまろ》や東洲斎写楽《とうしゅうさいしゃらく》の名前なら知っているだろう。わかりやすくいえば、歌麿や写楽を世に送り出し、有名にした人物が蔦屋重三郎なのである。若い頃の曲亭《きょくてい》（滝沢）馬琴《ばきん》や十返舎一九《じっぺんしゃいっく》を自分の店で働かせてめんどうを見てもいる。

蔦屋重三郎は、「蔦重」と称されるので、以下は蔦重とする。

蔦重は、江戸の遊郭吉原に生まれ、しばらく貸本業を営んだ後に、自分の本屋を吉原の大門《おおもん》前に開業する。時代を読むことに長《た》けた商人の才覚を存分に発揮し、また、出版人としての才能もそなえ、さまざまな斬新な企画を次々と生み出し成功する。

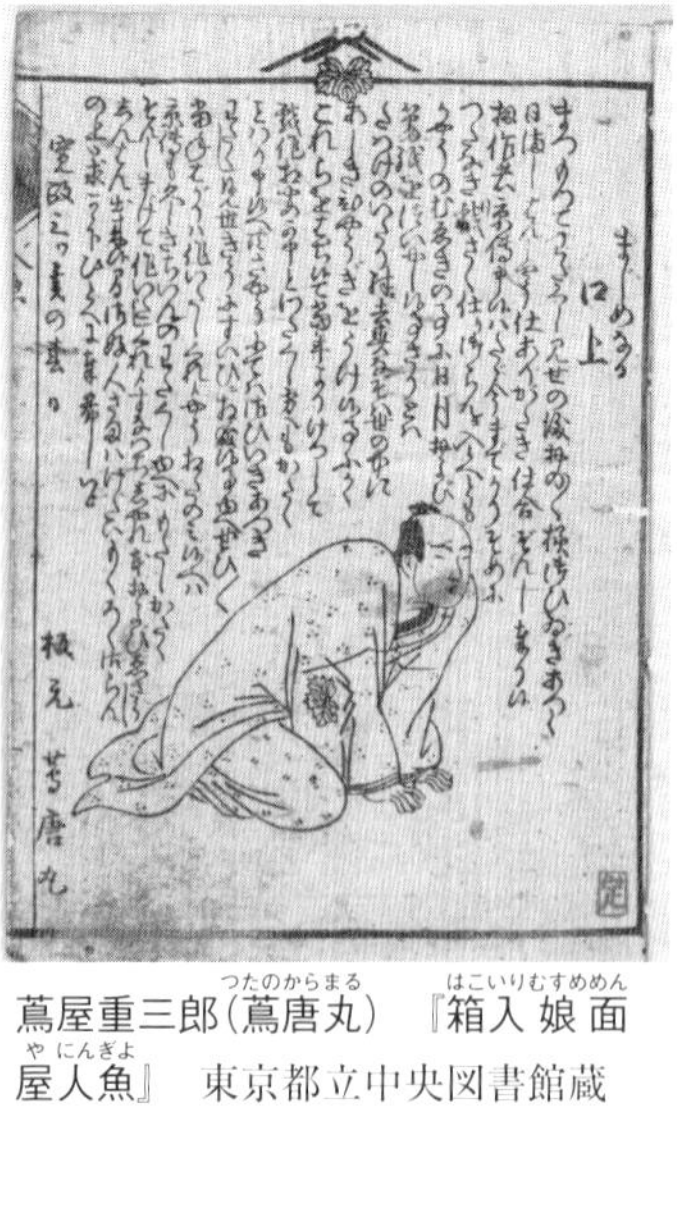

蔦屋重三郎（蔦唐丸《つたのからまる》）『箱入娘面《はこいりむすめめん》屋人魚《やにんぎょ》』　東京都立中央図書館蔵

蔦屋の版元印　東洲斎写楽筆　『中島和田右衛門の丹波屋八右衛門』（左）
出典：ColBase（https://colbase.nich.go.jp/）
東京国立博物館蔵
「ColBase」（https://colbase.nich.go.jp/collection_items/tnm/A-12387?locale=ja）をもとに作成

吉原に生まれ育ったという出自をうまく活かして、『吉原細見《よしわらさいけん》』という、吉原のガイドブックの出版・販売に成功し、やがて黄表紙《きびょうし》、洒落《しゃれ》本《ぼん》、狂歌本などを次々と出版していく。さらに、錦絵、絵本なども出している。蔦重の企画はそれまでにない画期的なものが多く、数々のヒット作を生み出している。その過程では、歌麿や写楽などの芸術家の才能を見抜き、彼らを売り出すべく巧みに演出し、世に送り出している。

やがて本屋として大きく成長し、吉原からお江戸の中心である日本橋に店を出すようになる。

一方で、当時流行していた狂歌の世界に入り、多くの狂歌師や戯作《げさく》者と交流し教養を深め、自らも文化人として活動している。蔦重は、たんに狂歌を読むことが好きなだけであったのではなく、朋誠堂喜三二《ほうせいどうきさんじ》や大田南畝《おおたなんぽ》などの戯作者との人脈を築き、出版の仕事につなげていったのである。

蔦重の人間像は、簡単にはとらえられないほど幅広い活躍をした人物である。見事な経営手腕の商人であり、「出版プロデューサー」、あるいは「メディア王」とも称され、当時の江戸文化に大きな影響を与えた改革者ともいうべき評価の高い人物である。

二　蔦屋重三郎・田沼意次・松平定信の関係は、どのようなものだったのか

蔦重が生まれたのは、一七五〇年（寛延三）である。そうして、吉原大門前に書店を開いたのが一七七二年（安永元）で蔦重が二十二歳の時であった。

その頃幕政を主導していたのは、田沼意次である。意次は十代将軍徳川家治《いえはる》のもとで側用人となり、一七七二年には老中の地位につき幕閣の中心として重きをなし、幕政の改革をおこなっていた。一七八一年（天明元）に幕政の全権を掌握し、家治の死去にともない

老中を罷免される一七八六年まで全盛を誇る、いわゆる「田沼時代」が続いた。

　意次は毀誉褒貶《きよほうへん》、評価の差が激しい政治家のひとりである。開明的、革新的な政治家という評価もあれば、賄賂政治家という見方もされる。政策の特徴としては、従来の農業中心の政策から民間の経済活動を重視する政策への転換をはかっている。この幕政の方針が反映し、民間からさかんに請願や献策が幕府へ出されるようになってくる。意次はこれらの献策を抑えることなく、積極的に取り入れ幕政に活かしてゆく。このような幕政の影響を受け、比較的自由な社会風潮が生み出され、学問や文化の発展が見られるようになっていく。

　蔦重はまさにこのような社会風潮の「申し子」のような存在で、それまで出版界では誰もやらなかったような企画を次々と考え出し大ヒットさせていく。従来のものとはまったく異なる斬新なスタイルの『吉原細見』の出版を手始めに、吉原の遊女一人一人を当時流行していた「挿し花」に見立てて紹介する形式の『一目千本《ひとめせんぼん》』、さらに画工として北尾《きたお》重《しげ》政《まさ》と勝川春章《かつかわしゅんしょう》を採用した絵本『青楼美人合姿鏡《せいろうびじんあわせすがたかがみ》』を出して大成功する。さらに、恋川《こいかわ》春町《はるまち》、朋誠堂喜三二、山東京伝《さんとうきょうでん》などの作家を擁し、黄表紙を次々と出していく（黄表紙とは仮名で書かれた小説のことで、歌舞伎や世相の噂話などを題材としたもの。表紙が黄色だったので黄表紙と呼ばれた）。

吉原大門前の小さな本屋からスタートして成功をおさめた蔦重は、一七八三年（天明三）ついに江戸の中心ともいうべき、日本橋通《とおり》油《あぶら》町《ちょう》に店を構える。その後も蔦重は大躍進を続ける。

当時流行していた狂歌本にも挑戦する。自ら「蔦唐丸」と狂歌師のペンネームを名乗り狂歌の世界に入ると、江戸の二大狂歌師の大田南畝（四方赤良《よものあから》）、石川雅望《いしかわまさもち》（宿屋飯盛《やどやのめしもり》）らとともに狂歌を詠み、数々の狂歌本を出版していく。いわばこの頃が蔦重の全盛期であろうか。

一七八四年、意次の嫡男で若年寄の意知《おきとも》が旗本佐野政言《さのまさこと》に江戸城内で斬られ、その傷がもとで死去するという事件が起こる。この事件をきっかけに我が世を誇っていた田沼政権は急速に没落へと向かっていく。この事件に前後して、天明の飢饉、浅間山の大噴火、利根川の大洪水などが連続して起こる。ついに意次は老中を辞職せざるをえなくなる。その直後には、意次の後ろ盾でもあった将軍家治が死去。

翌年には、飢饉のための打ちこわしが江戸で大規模に発生する。このような中で、御三家を中心とした勢力が、八代将軍吉宗の孫で白河藩主であった松平定信を老中に就任させる。定信は老中首座として、いわゆる「寛政の改革」を断行する。天変地異は自然災害で意次のせいではなかったが、経済重視、商人登用の影響で乱れた武士の気風や社会風潮を正すために定信は、学問の統制、出版の統制をおこなっていく。とくに幕政を批判、風刺《ふうし》する出版物の取り締まりを強化した。

ついにその手は蔦重にもおよぶ。一七九一年（寛政三）、山東京伝の書いた洒落本が幕府の出版統制令に違反したとして発禁となった（洒落本とは遊里での通人の遊びなど、滑稽と通を描いた遊里小説のこと）。京伝は手鎖《てじょう》五十日、版元の蔦重は重過料という罰金刑に処せられた。処罰後京伝は引退も考えたが、幕政の批判や風刺はやめて、穏健な作風へと変えていく。

蔦重の方も、幕政を批判したり風刺したりする内容の出版物は出せなくなった。しかし、蔦重はある程度経済的打撃は受けたものの、元来豪胆でしたたかな性格であって、意気消沈することはなかった。黄表紙や洒落本がだめなら、これ以外の出版物を出していくという路線変更で生き残ろうとする。

すでに画家の歌麿の才能を見出して世に送り出していたが、浮世絵『婦人相学十躰《ふじんそうがくじったい》』を出版して好評を博す。さらに蔦重は写楽を見出して、斬新な大首絵の版画をどんどん出版していく。

蔦重の経営路線変更の大きな例としては、本居宣長《もとおりのりなが》と面会して、学術書を出版しようとしたことである。こうして蔦重は定信から処罰を受けたが、けしてひるむことなく、最後まで旺盛な出版活動を展開している。たしかに意次は、学問の統制や出版の統制はせず自由な時代風潮を生み出したので、田沼時代には自由な文化活動の中から数々の芸術作品が誕生した。

それでは定信は、学問に理解のない保守反動的な政治家だったのだろうか。けしてそうではあるまい。幼少の頃より定信は自ら読書計画を立て、膨大な本を読むばかりではなく、執筆活動もしていたのである。日本の歴史上初めてといえる、きわめてすぐれた文化財保護政策もおこなっている。

第一章　田沼意次の登場から御用取次就任と蔦屋重三郎

一　幕府の政治・経済と田沼意次の登場

徳川幕府の財政を概観してみると、江戸時代初期の頃は、幕領四〇〇万石からの年貢収入、幕府直轄領内の鉱山から産出される金銀収入、幕府が独占していた長崎貿易の利益などで、比較的財政状況は良好であった。ところが、一六五七年（明暦三）に起きた明暦の大火で江戸城をはじめ多数の武家屋敷、庶民の住宅が焼失し、その再建と江戸の町全体の復興のために莫大な金銀を失った。

これ以降、幕府の財政は苦しくなっていく。全国の鉱山から産出される金銀はしだいに減少し、さらに長崎における貿易が大幅な輸入超過のため、大量の金銀が流出してしまった。五代将軍綱吉の時代には、寺社の建設などで莫大な費用を費やし、さらに綱吉の浪費も幕府の財政を傾かせた。その後、勘定奉行荻原重秀《おぎわらしげひで》の貨幣改鋳や新井白石の「正徳の治」で財政はやや改善の兆しを見せたが、根本的に改善されるまでにはいたらなかった。

そこで政治の大改革を進めたのが八代将軍吉宗である。吉宗は財政支出を抑えるために倹約令を出し、厳しい緊縮政策をおこなった。その一方で、積極政策としては、新田開発をさかんにおこない耕作地を増やし、さらに検見取法《けみどり》から定免制《じょうめんせい》へと税法を変え、年貢率を上げて増収をはかった。また、大名の参勤交代における江戸在住期間を半分に減らし、そのかわり、上米令《あげまい》を出して大名から米を上納させた。その他殖産興業策を奨励して、朝鮮人参などの輸入品の国産化も実施した。

これらの経済政策がある程度成功し、幕府の財政は一時期潤った。しかし、農民に対する重税は大きな反動を引き起こした。大規模な農民一揆の勃発であった。江戸時代を通じて、もっとも百姓一揆の多かった幕末期の次に、この享保時代に百姓一揆が頻発していた。もはや幕府の財政負担を農民にのみ重く課すことは限界であった。

このような時期に田沼意次が登場してくるのである。蔦重が誕生したのは、一七五〇年（寛延三）。意次は一七一九年（享保四）の生まれであり、蔦重が誕生したときには意次はすでに三十一歳であった。

二　田沼意次はなぜ権力の頂点に上り詰めることができたのか

◇田沼意次の出自と人間性

意次は旗本田沼意行《おきゆき》の嫡男として生まれた。意行は元紀州藩士であったが、吉宗が紀州藩主から将軍に就任するのにともない、吉宗にしたがい江戸に出て旗本に取り立てられた。その後、小姓から小納戸頭取に昇進し六〇〇石を賜わった。吉宗は将軍になると、旧紀州藩士を側近として多数採用した。意次の父意行はその一人であった。

意次の研究書として、『田沼意次　その虚実』がある。この書は、意次の城下町であった相良

田沼意次像　勝林寺蔵

町（現牧之原市）生まれの後藤一朗の著書である。地元贔屓《びいき》で意次の熱心な信奉者でもあったようなので、内容については公平・冷静な視点で見なければならないが、歴史学者大石慎三郎は、「悪人田沼意次の陰謀を軸に〝構成〟されてきたこの時代に対する従来の学説よりは、はるかに真実に近づいていると私は考える」と評している。大石も従来の「賄賂政治家田沼意次」を再検討した『田沼意次の時代』を著している。

後藤によれば、意行は「若い時から、万事ぬかりなく気のつく質の高い秀才型で、算数にはとくにすぐれた才能を持っていた。下役より身を立てた者だけに、下僚にはいたって親切で、思いやり深く、周囲の人々と如才なくつき合うので、評判はごく良いほうだった」とある。

このような意行の人間性が、息子意次に大きく影響を与えていると思われる。後藤は、意次に対しては、「母の美貌を受け継いだきりょうよしのうえに、骨身を惜しまずまめまめしく動くので、誰にも愛されていた」としている。学術、教養については、意行の十三回忌記念の折に、意行の遺作和歌集が編纂された際の意次の書いた序文を「文章はひとかどの国学者、筆跡は名だたる書家に迫るほどの見事なもので、二十七歳の作とは思えぬりっぱな作品といえよう」と褒めている。西の丸から本丸に移りそのまま意次は、一七三四年（享保十九）十六歳の時に吉宗の長男で次期将軍の家重の小姓となり、蔵米三〇〇俵を支給された。
意行の死後、意次は父の跡を継ぎ六〇〇石を相続し、元服後、従五位下に叙せられ主殿《とのも》頭《かみ》に任じられた。吉宗が引退し、九代将軍に家重が就任すると、意次は小姓として家重に仕えた。家重は意次の忠勤ぶりを高く評価していた。家重は大病を患った際に、「主殿はまたうとのものなり、行々こころを添えて召仕はるべきよし」（『徳川実記』）と、わが子の家治《いえはる》に伝えたといわれている。つまり、意次は正直者なので、この後も引き立てて召し使うようにと、教えたのだという。（『田沼意次』藤田覚）
家重の死後、意次は十代将軍となった家治にも小姓として継続して仕える。これは異例のことともいえる。通常は、将軍が代替わりすれば、小姓などの側近も入れ替わるのが普通だが、家治は家重の教えを守って意次をそのまま小姓として仕えさせたのである。このことが後の意次の出世の原点ともなるのである。これは意次にとっては幸運といえば幸運かもしれないが、それだけ家重と家治に誠意を持って献身的に仕えた結果であると考えると、ある意味必然でもあった。
藤田覚は前掲書で、京都町奉行所与力神沢《かんざわ》杜口《とこう》の『翁草』を引用し、次のように意次の性格、人間性を評している。

「いつも家来の労をねぎらい、わずかなことにでも褒美を与え」、「下級の奉公人にまで目を配り、気持ちよく働けるための配慮や心遣いのできる人物」としている。

意次は人心掌握術にすぐれ、誰に対しても気配りができ、他人に対しては謙虚に丁寧に接する態度を心がけていたようである。後に詳述するが、このことが、わずか三〇〇石の旗本から五万七〇〇〇石の大名となり、側用人と老中を兼ねる幕府の最高権力者へと上り詰めることができた理由のひとつであろう。

また、藤田は前掲書で小普請奉行の川路聖謨《かわじとしあきら》の意次評を挙げている。聖謨は天保の改革をおこなった老中水野忠邦に、意次のことを「よほどの豪傑」、「正直の豪傑」と語っている。ここでの「豪傑」は豪快な人物というよりは、「才智がずば抜けてすぐれている」という意味である、と藤田はいっている。意次の行政における才智については後にくわしく記したいが、有能な幕僚であった聖謨よりこのような高い評価を受けていたのである。

意次の人物を知る上で参考になる資料として、後藤は意次の家訓ともいえる遺書を紹介している。遺書は七か条あり、

一　忠節を忘れてはならない

二　親孝行と親戚付き合いを大切にする

三　友人・同僚とは表裏なく交際し、部下への気遣いも同様にせよ
四　家中の者を大切にし、賞罰は公平にし、主命には一身をもって従え
五　武芸は怠らないようにするべし
六　権門勢家に対しては無礼のないようにすること
七　いざという時のための貯えを怠ってはならない

という内容のものであった。これらのことは、意次の考えや人間性を理解する上で参考になるものであろう。

◇田沼意次はなぜ出世できたのか

幕政を統括する老中は、原則として一万石以上、延宝期以後は三万石以上の譜代大名が就任することとなっていた（一部例外的に外様大名や藩主の世子もいた）。ほとんどの老中はもともとが大名であった。しかし、意次の場合は三〇〇石の旗本からスタートして大名となり、老中の地位についたのである。最終的には、約二〇〇倍の五万七〇〇〇石の領地を与えられている。これは異例中の異例の大出世といっても過言ではあるまい。

では、なぜ意次はこのような大出世をとげることができたのかについて考えてみたい。これまで意次の出自と人間性についてみてきたが、出自はともかく、人間性についてはある程度出世の条件を備えていたのかもしれない。また、将軍の小姓という身分も出世には有利であったと考えられる。

一七四七年（延享四）九月、意次は将軍家重の身辺の世話をする小姓から小姓組番頭格御用取次見習を命じられた。この時、足高《たしだか》分一四〇〇石が与えられることになり、それまでの六〇〇石と合わせて二〇〇〇石の旗本に出世した。これだけでも戦のない太平の世となり、大きな手柄を立てて昇進する機会のなくなった武士の世においては、大変な出世といえる。

さらに翌一七四八年（寛延元）には、小姓組番頭格の格がとれて小姓組番頭となり、奥向きの勤務である御用取次見習兼務を命じられた。同時に、足高分の一四〇〇石は足高分ではなくなり、正式な二〇〇〇石の中級旗本となったのである。そうして、三年後の一七五一年（宝暦元）七月には、御用取次見習から正式な御用取次になった。意次三十二歳の時である。前年に生まれた蔦重が二歳のことであった。

また、これ以後飛躍的に意次が出世していくための権力構造がこの頃出来上がっていた。それは、将軍の権力強化のためにつくられた側用人制度というものである。やがて意次はこの側用人と老中の地位を手にして絶大な権力を振るうことになるのである。

江戸幕府草創期には、有力な重臣たちも多くいたが、家康、秀忠、家光の三代においては将軍の権限が絶大であった。かなりの数の大名が取り潰されている。それが、四代将軍家綱の時代になると、わずか十一歳で将軍に就任したこともあり、幕政は老中などの重臣が中心となっておこなわれるようになった。

五代将軍綱吉は、幕府政治の実権をふたたび将軍に取り戻そうとした。しかし、すでに江戸幕府が成立して約八十年。幕府の政治機構も確立し、老中制度も定着しており、幕政の運営は老中制度なくしてはできなくなっていた。そこで綱吉は、将軍と老中をはじめとする諸役人の間に側用人という役職を設け、側用人を通して将軍の内意を伝え、また、諸役人の意見や報告を側用人から受け取るというしくみをつくったのである。これは制度的なものではなく、あくまでも非公式な政治ルートではあったが、将軍の権威および権力強化に大きな効力をもたらした。

側用人制度のもとでは、老中といえども直接将軍に意見をいう場面がなくなり、将軍に何を伝えるにも側用人を通さねばならなくなった。逆に将軍からの命も側用人から伝えられることになり、老中は将軍の真意を直接確かめることもできない。こうなると、将軍は老中から見るとまさに雲の上の存在のようになってしまう。

老中は、側用人に嫌われ自分の真意を曲げて将軍に伝えられては困る。自分の意見を将軍に理解してもらい、思う通りに決定してもらうには、まずは側用人に気に入られなくてはならないと考えるようになる。将軍の方も我が意を老中に充分に理解させ、実行してもらうためには側用人の力が重要となってくる。このようにして、本来、側用人は将軍と老中以下の諸役人との伝達役・取次役であったものが、しだいにその存在意義を強め、かくして側用人政治というものが生まれたのである。

綱吉の時代には柳沢吉保《やなぎさわよしやす》、六代将軍家宣《いえのぶ》、七代将軍家継《いえつぐ》の時代には間部詮房《まなべあきふさ》が、将軍の威光を背景にして、側用人として大きな権勢を振るったことは良く知られていることである。意次はやがてこの側用人の地位につき強大な権力を手にするのである。この背景には、将軍の家重、家治が綱吉や吉宗ほど政治に対して意欲的ではなく、政治的能力を欠いていたことが考えられる。また、「元禄期以降、将軍専制ともいわれる将軍権力の強化、それを背景に将軍の側近としてその手足、耳目となって動く側用人や御用取次の政治的権威の強化が前提であった」。（『田沼意次』藤田覚）

三　蔦屋重三郎の誕生

◇蔦屋重三郎の出自と吉原

蔦重は、一七五〇年（寛延三）一月七日、尾張出身の父丸山重助、江戸生まれの母広瀬津与《つよ》の子として吉原に生まれた。本名は柯理《からまる》、通称は重三郎。蔦重が七歳の時に両親が離婚し、蔦重は吉原で蔦屋という茶屋を営む親類の喜多川家の養子となる。このため、柯理は後に、蔦屋の重三郎「蔦重」と称されるようになる。両親が離婚し、親類に養子に出された蔦重だったが、両親への孝心は篤く、後に吉原から日本橋の通《とおり》

よし原大門　吉原の跡地は、現在の東京都台東区千束４丁目の一画に残っている。

油町《あぶらちょう》に店を出した際には、両親を呼び寄せていっしょに暮らしている。

　蔦重が生まれ育った吉原は、まさに蔦重の原点ともいうべき場所で、蔦重が商売人、出版人、文化人として大きな影響を受けた空間であり、蔦重の人生には欠かすことのできない存在であった。また、蔦重が成長してからは、逆に生まれ故郷ともいうべき吉原の隆盛に、商売絡みではあったが多大な貢献をしている。

◇吉原とはどんなところだったのか

江戸は、太田道灌《おおたどうかん》が一四五七年（長禄元）にはじめて城を築城してから広く知られるようになるが、本格的に発展するのは徳川家康が江戸城を築いて城下町の形成がおこなわれてからである。

江戸の人口については、江戸時代前半は人口統計がないので正確には把握されていないが、人口調査がおこなわれるようになった一七二一年（享保六）以降では、町人人口は一八四三年（天保十四）の五八万七四五八人が最高である。これに武家人口の旗本・御家人とその家族、奉公人を含めて推定二〇万人から三〇万人、さらに諸藩の大名屋敷にいる人口が推定四〇万人から五〇万人、その他僧侶、神官、賤民などの四、五万人を加えると、江戸の総人口は一一〇万人から一三〇万人に達したと推定され、江戸はまさに世界一の大都市であった。(『国史大辞典』)

江戸には、現在の東京の人口の約一〇分の一の人口がいたのである。現在の東京の男女の人口比率は半々であろうが、当時の江戸は完全な武士中心の男社会であった。とくに参勤交代で江戸に出てきている武士の数が多く、全体の人口に占める男の割合は七〇パーセントを超えていたものと思われる。そこで江戸の町で増加してきたのが、遊郭というものであ

よし原大門　吉原への入口で、門を入ると左右に番所があった。

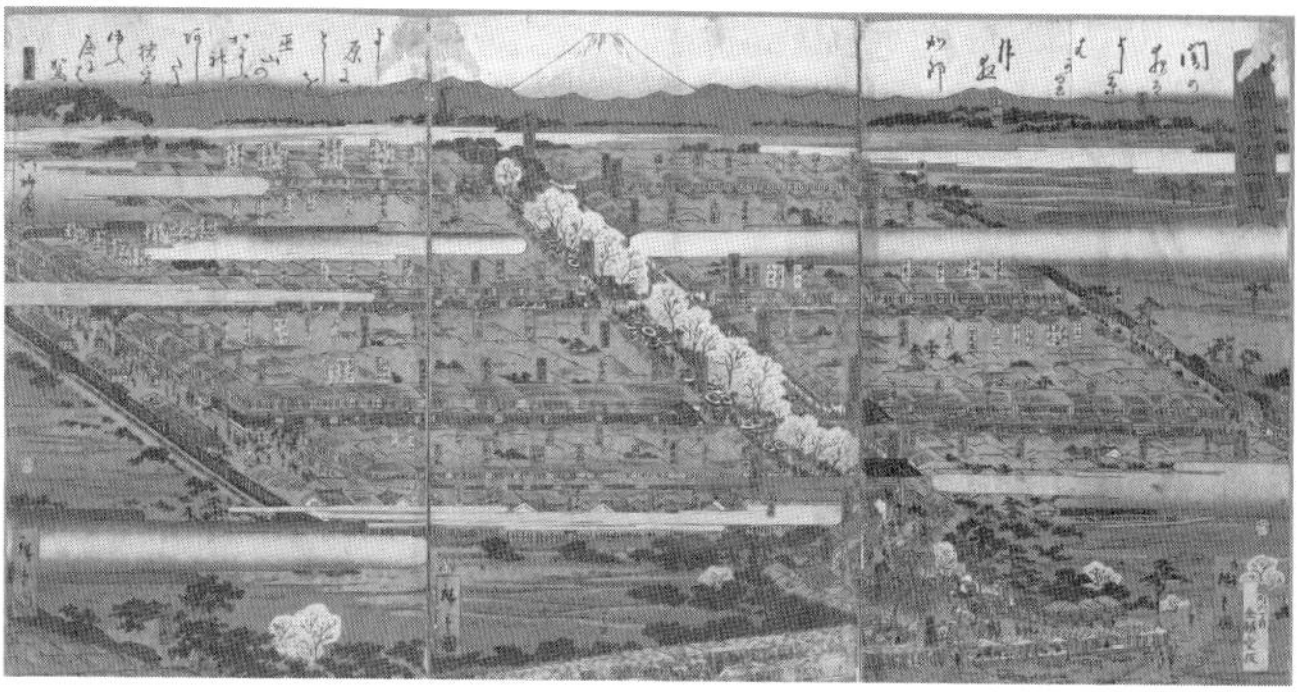

『東都新吉原一覧』　周囲を田んぼに囲まれた新吉原の鳥瞰《ちようかん》図《ず》。東京都立中央図書館蔵

る。江戸の町の発展にともない、江戸の各地に遊女屋が多数できていった。

やがて、遊女屋の経営者代表であった庄司甚右衛門が幕府に願い出て、幕府公認の遊郭が一カ所にまとめられる。甚右衛門たちからすれば、一カ所で独占的な営業ができるし、町奉行所の立場からすれば、取り締まりがしやすくなるという、互いのメリットがあった。

一六一八年（元和四）、現在の東京都中央区日本橋人形町近辺に土地が与えられて「吉原遊郭」が開業した。これにともない、吉原以外の遊郭は禁止されることとなった。しかし、実際には江戸の各地に多数の遊女屋ができていた。開業当初、遊郭の付近は葦が茂るような場所であったため「吉原」と称されたのだが、江戸の町が発展するにつれて人口が増加し、家も多数建てられるようになった。そのため江戸の風紀の乱れを恐れた幕府は、吉原の郊外移転を命じたのだった。移転場所は、浅草寺の裏手の日本堤へと決まった。

移転の準備をしていた最中の一六五七年（明暦三）に、いわゆる「明暦の大火」と称される大火災に見舞われる。新しく移転した遊郭は、「新吉原」（以下は吉原）、もとの遊郭は「元吉原」と称されるようになる。吉原は江戸の中心部より遠く、周囲には最初何もない水田地帯であった。吉原は元吉原よりも敷地が一・五倍と広くなり、東西三五五メートル、南北二六六メートルで面積は一万八〇〇〇坪におよんだ。

敷地全体は黒板塀と「おはぐろどぶ」と呼ばれた堀に囲まれていた。吉原への出入り口はひとつで、「大門《おおもん》」だけであった。大門を入ってすぐの左手には、「面番所」がおかれ奉行所の役人が常駐していた。その向かい側の右手には、「四郎兵衛会所」があり、ここにも番人がいた。このように、遊女の逃亡や不審者の侵入が厳しく監視されており、吉原は市中とへだてられた別世界であった。

吉原には妓楼が約二七〇軒あり、その他茶屋などの店が多数あった。遊女の数は時代により異なるが、吉原を紹介する『吉原細見《よしわらさいけん》』によれば、享保から天明までは約二五〇〇人、寛政頃から増えて四〇〇〇人から五〇〇〇人、弘化の頃にはピークとなり、七〇〇〇人を超えた。遊女以外に吉原で働く人は約五〇〇〇人ほどいた。（『国史大辞典』）
　幕府が禁止しても江戸の各所には非公認の遊郭ができた。また、宿場の遊女である飯盛女、夜鷹といった遊女も多数存在したが、吉原の遊女は他の遊女とは一線を画していた。吉原の遊女には等級や特別な呼び名があった。初期の頃には、太夫・格子などという呼称があったが、しだいになくなり、寛政の頃からはほぼ一定した。
　部屋持ち以上の遊女は「花魁《おいらん》」と呼ばれ、個室や客を迎える座敷が与えられた。最上位は「呼び出し昼三《ちゆうさん》」、以下「昼三」、「座敷持ち」、「部屋持ち」、「振袖新造」と称され客を取る。この下に客を取らない「番頭新造」、さらに下の「禿《かむろ》」は遊女見習いをしながら廓《くるわ》のしきたりを学んだりする若い（幼い）女子だった。
　高級な花魁は美しいばかりではなく、和歌、書、琴、香道、生け花、茶の湯、双六、囲碁、漢詩、俳諧などを学び、高い教養を身に付け遊芸に秀で、客の相手をした。そのため、吉原ではたんに性的な遊びの目的を達するだけではない、さまざまなしきたりや作法が決まっていた。客の方も吉原のめんどうなしくみをよく理解し、花魁との駆け引きを楽しみながら遊んだのである。そのため吉原の客は、お金だけでなく深い教養を備えた人々が集まるようになっていった。吉原はさまざまな人と文化が出会い、交流し、そこからまた新

吉原神社　吉原の鎮守として、吉原内の５つの稲荷神社を合祀して1881年（明治14）に建てられた。

しい何かが生まれるところであった。

蔦重はこのような特殊な場所に生まれ育ったのである。蔦重は養家で商売のなんたるかを自然と身に付け、遊女をはじめとする吉原のあらゆる人々と関わり、吉原の隅から隅までを熟知しながら成長する。

蔦重はいつしか吉原内で貸本業を営むようになっていた。貸本業をしながら一軒一軒の妓楼や一人ひとりの遊女の情報を得ていく。これが後に、『吉原細見』を出版する際に大いに役立つのであった。その他、吉原を舞台にしたもの、遊女に関する出版物の編集・発行に、蔦重の生まれ育った環境が大いに影響しているのであった。

明治初期の吉原　吉原の遊郭街は明治時代にも残っていた。
長崎大学附属図書館蔵

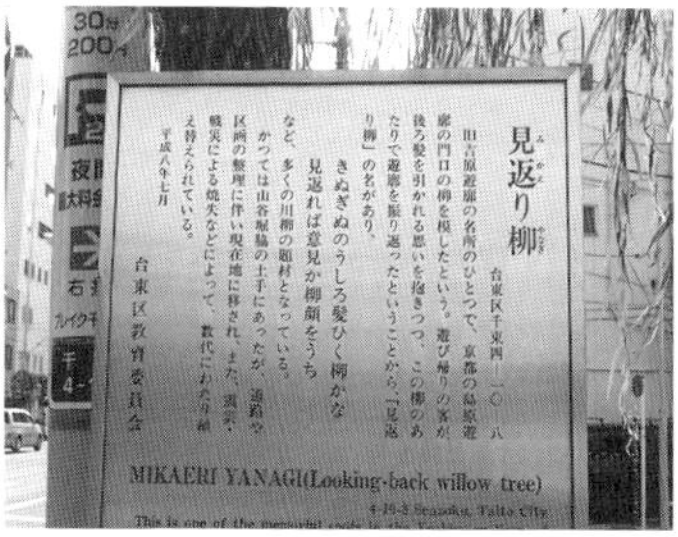

見返り柳説明版

見返り柳　吉原大門に続く、五十間道の入口左手にあった柳。吉原帰りの客が振り返った場所。

第二章　田沼意次の絶対的権力形成と松平定信の登場

一　御用取次から老中へ

◇田沼意次の権力の特徴　―奥と表の両方の権力者―

ここでは、意次が御用取次に就任した一七五一年（宝暦元）から側用人兼務の老中となる一七七二年（安永元）までを扱うこととする。

意次は御用取次となった年に三〇〇〇石を加増されて、五〇〇〇石の旗本に出世した。そうして七年後の一七五八年、意次四十歳の時に、その後の意次を大きく飛躍させる事件に関係する。

それは、「美濃《みの》郡上《ぐじょう》一揆」という事件である。意次はこの難事件を処理するために評定所への出席を命じられた。評定所というのは、幕政の重要事件を評議する幕府の最高司法機関であり、老中、三奉行（寺社・町・勘定）、大目付らが出席する。このような幕政の重要な機関への出席を命じられた意次は、いかに幕閣より信頼されていたかがわかる。意次は期待通りにこの難事件を処理する。この事件では、事件に関与した老中、若年寄、勘定奉行までが処罰されるという、幕府に大きな衝撃を与えた前代未聞ともいうべき大事件であった。これを機に意次の評価は一気に高まり、以後の大出世へとつながっていく。

この年意次は郡上一揆事件解決の政治的、行政的手腕を高く評価され、五〇〇〇石の加増を受けて一万石となり、ついに大名となったのである。わずか三〇〇石の下級旗本から大名にまでなることなど異例の出世というべきである。与えられた領地は、この事件で処罰された若年寄本多忠央《ただなか》の旧領の遠州相良の地であった。晴れて大名に昇進した意次ではあったが、心中には複雑なものがあったのではないだろうか。

二年後の一七六〇年、家重が引退し家治《いえはる》が十代将軍となった。前述したように、意次はそのまま継続して家治の御用取次となる。これも異例のことであり、意次は以後急速に出世の階段を駆け上がっていく。二年後に相良領近辺に五〇〇〇石の加増を受け、五年後の一七六七年（明和四）にはついに側用人に昇進し、五〇〇〇石加増されて今までの分と合わせて二万石の大名となった。そうして、相良の領地に城を築くことをゆるされ、城持ち大名となったのである。城持ち大名となった二年後の一七六九年、意次は老中格となった上に五〇〇〇石の加増を受けた。一七七二年には老中格から正式な老中となる。ついに意次は、側用人という中奥の役人のトップと表のトップである老中の地位についた。これは、これまでに誰も手にした事のない地位、権力であった。

二　松平定信の登場

◇松平定信、御三卿の田安家に生まれる

松平定信は、一七五八年（宝暦八）十二月二十七日、徳川宗武《むねたけ》の七男として生まれる。幼少時は賢丸《まさまる》と称した。宗武は、八代将軍吉宗の二男であるので、定信は吉宗の孫ということになる。定信の母は宗武の側室で、とやといった。幼い頃の定信は、宗武の正室森姫（後に通姫）に育てられた。森姫は関白近衛家久の娘であり、とやは近衛家に仕えた山村三安の子の三寅（采女）の娘であった。

吉宗は、徳川宗家の血統が絶えることを心配し、長男の家重を九代将軍とすると、二男宗武に江戸城田安門近くに屋敷を与えて田安家、四男宗伊《むねただ》には一橋家を、さらに、家重の二男の重好《しげよし》には清水家を創設した。三家には城と領地は与えず、十万石の格式の家として

三卿《さんきょう》と称し、尾張、紀伊、水戸の御三家と同格とした。三卿家も御三家同様、いざ徳川宗家に将軍継嗣がいない場合には継嗣を出すことになっていた。十五代将軍慶喜は一橋家から出ている。

宗武は、国学・和歌に造詣が深く、服飾や楽曲の故実に通じ、これらに関する著書も多数残している。英邁《えいまい》だった宗武は将軍になる望みを抱いていたが、吉宗の方針により長男の家重が将軍の座についたために、はたせなかった。定信は、父宗武のこのような素質を受け継ぎ、幼い頃より学問に励んだ。病弱だったせいか定信は、自分を厳しく律して規則正しい生活を心掛けた。計画的に膨大な量の読書をして、十三歳の時には『自教鑑』を著すほどであった。

名家の子として幼い頃より英才教育を施され、文武の研鑽《けんさん》に励んだ。

徳川宗武　８代将軍徳川吉宗の二男で、英邁かつ学識の高い文化人でもあった。国立国会図書館蔵

家臣の大塚孝綽《おおつかたかやす》より儒学と書道を学び、幕臣の萩原貞辰《はぎわらさだとき》に和歌を学んで早くから文才を発揮した。芸術分野では、狩野派《かのうは》から絵を学び、山本又三郎（源鸞卿《らんきょう》）からは沈南蘋《ちんなんぴん》の画法を指導された。定信は、文だけでなく武にも励み、弓術、剣術、槍術、馬術と、ひと通りの武術をこなしている。このことはやがて文武の奨励につながったものであろう。

定信の有能さは誰もが認めるものであり、家柄からみても将来将軍となることは夢ではなかった。

◇松平定信、白河藩松平家の養子となる

恵まれた環境の中で成長していた定信だったが、やがて大きな転機が訪れる。定信が十四歳の時に父宗武が死去して、兄の治察《はるあき》が田安家を相続した。宗武には十五人の子がいた。このうち男子は、長男から四男まで夭折し、治察は五男であった。六男の定国は伊予松山藩の松平家に養子に入っている。田安家の男子は、病弱な治察と定信しか残っていなかった。そのような田安家に、定信の養子の話が持ち込まれる。

定信十七歳の一七七四年（安永三）三月、将軍家治の命により、定信は陸奥白河藩主の

松平定邦の養子となることが決まった。このことは、定信本人はもとより田安家としても望まぬことであった。治察には子がなく、しかも病弱であり、将来の田安家の存続が懸念されるばかりか、定信の将軍への道も絶たれてしまった。

白河藩松平家としては、定邦には娘一人しかいなかったため、継嗣としての養子を望んでいた。なぜ、田安家の定信に白羽の矢が立ったのかといえば、松平家の家格を溜詰《たまりづめ》に昇格させることを強く望んでいたからといわれる。（『松平定信』高澤憲治）

松平定信青年期像（模写）　徳川宗武の七男として田安家に生まれ、白河藩松平家の養子となる。

松平家の藩祖定綱の祖父は俊勝、祖母は於《お》大《だい》であった。水野忠政の娘として生まれた於大（伝通院）は最初、松平広忠に嫁いで元康（後の家康）を生んだ後に離縁して、俊勝と再婚し定勝を生んだのである。つまり、定勝は家康の異父弟にあたるわけである。このため、松平家は譜代大名ではあったが、徳川家の家門でもあることから、田安家の定信を養

小峰城跡　三重櫓は、松平定信が家臣に命じて実測させ作成した絵図面をもとに、1991年(平成３)に復元された。

子にすることによって溜詰昇格をはたそうとしたのであろう。

徳川幕府創立以来、およそ一七〇年間泰平の世が続いてきた。大名の誇る名誉は戦功ではなく、家格であった。家格を示すものとして、朝廷から与えられる官職や江戸城内の控えの間である殿席というものがある。殿席は上から、大廊下席・溜詰・大広間席・帝鑑間席・柳間席・雁間詰の順番である。松平家は上から二番目の溜詰を希望していた。

そのため、定邦がその実現をめざして、意次の助力を得、田安家の反対を退けて一七七四年（安永三）に定信を養子に迎えたのである。（『松平定信』高澤憲治）

定信は気の進まぬ養子話のため、なかなか田安家から松平家に移ろうとしなかった。そうしているうちに、この年の八月二十八日、治察が病のために急逝してしまった。治察は継嗣のないまま二十二歳で亡くなってしまったため、田安家は御家存続の危機に見舞われた。田安家の重臣たちは、定信に田安家を相続させるべく定信の田安家復帰を幕府に嘆願したが、田沼をはじめとする老中らから峻拒される。このため、御家の危機を心配するあまり、すでに剃髪していた宗武の正室寶蓮院（森姫）は病を発して気絶することが何度かあったという。（『楽翁公傳』）

定信も田安家と寶蓮院を案じてそのまま田安家の屋敷に居続けたが、翌年の四月に、定邦が花見の際に中風を発病したために松平家に移るように懇請された。やむなく定信は八丁堀の白河藩邸に移った。その後しばらくの間、田安家には当主不在の状態が続いた。ようやく一七八七年（天明七）六月、一橋治済《はるさだ》の五男済匡《なりまさ》が田安家に入って跡を継いだのである。

定信の松平家への養子の件は、松平家からの要請ではあったが、許可する権限は幕府にあった。当時幕政を主導していたのは、老中の田沼意次である。意次は政治に強い意欲を見せない将軍家治に代わって政治の実権を掌握していた。もし、英明な定信が将軍の座に就いた場合には、意次は意のままの政治をおこなうことができない。そのために、定信を田安家から松平家へ養子に出すことで、早いうちに懸念の芽を摘んだといわれている。

しかし、結果から見れば、この定信養子の件には治済が関係していたともいわれる。すでに、一七八一年（天明元）、家治の世子であった家基が亡くなったために、家治の後の世子に治済の長男家斉《いえなり》が決まっていた。つまり治済は、三人の実子に徳川宗家、田安家、一橋家を継がせることとなったのである。定信養子の件は、意次と治済の利害が一致した結果とも考えられる。

白河関跡

古関蹟《こかんせき》の碑　松平定信が、白河関を現在地に定めた。

いずれにしろ田安家存続の危機をもたらされ、密かに抱いていた将軍就任の望みを絶たれた定信の恨みは意次に向けられた。定信は、意次を刺殺したかったと記録に残すほど意次に対する憎悪は深かった。この感情は定信が老中に就任した時に田沼家の処罰となって現れる。

定信は、後に清廉潔白な政治家と評されるが、幼少の頃より生真面目な性格であり不正や不道徳は許せないという人間であった。しかし、一方ではかなりプライドが高く、自負心や我が強く、執拗という面が見られる。このことは後に詳述する。

第三章　蔦屋重三郎の活躍と田沼意次の没落

一　蔦屋重三郎の活躍～江戸のメディア王へ～

◇蔦屋重三郎、書店を開く

一七七二年（安永元）、蔦重は二十二歳の時に、吉原大門《おおもん》前の五十間道に、「耕書堂《こうしょどう》」という書店を開く。まだ完全独立ではなく、義兄の蔦屋次郎兵衛《じろうべえ》の軒先を借りての営業であった。

この頃はそれまでと同様、吉原の貸本業を中心として、店の立地条件を活かして吉原のガイドブックである『吉原細見《よしわらさいけん》』を販売していた。

翌年、蔦重は鱗形屋《うろこがたや》孫兵衛《まごべえ》から吉原細見の改め役を任される。吉原の事情にくわしい蔦重は吉原細見の編集を依頼されたのである。

『廓𦽳費字尽《さとのばかむらむだじずくし》』3巻　新吉原の大門の五十間道の蔦屋の店舗。国立国会図書館蔵

蔦屋耕堂跡　蔦屋重三郎が義兄の店の軒先に出した最初の書店の跡付近。

五十間道　日本堤から吉原大門までの曲線の道路。

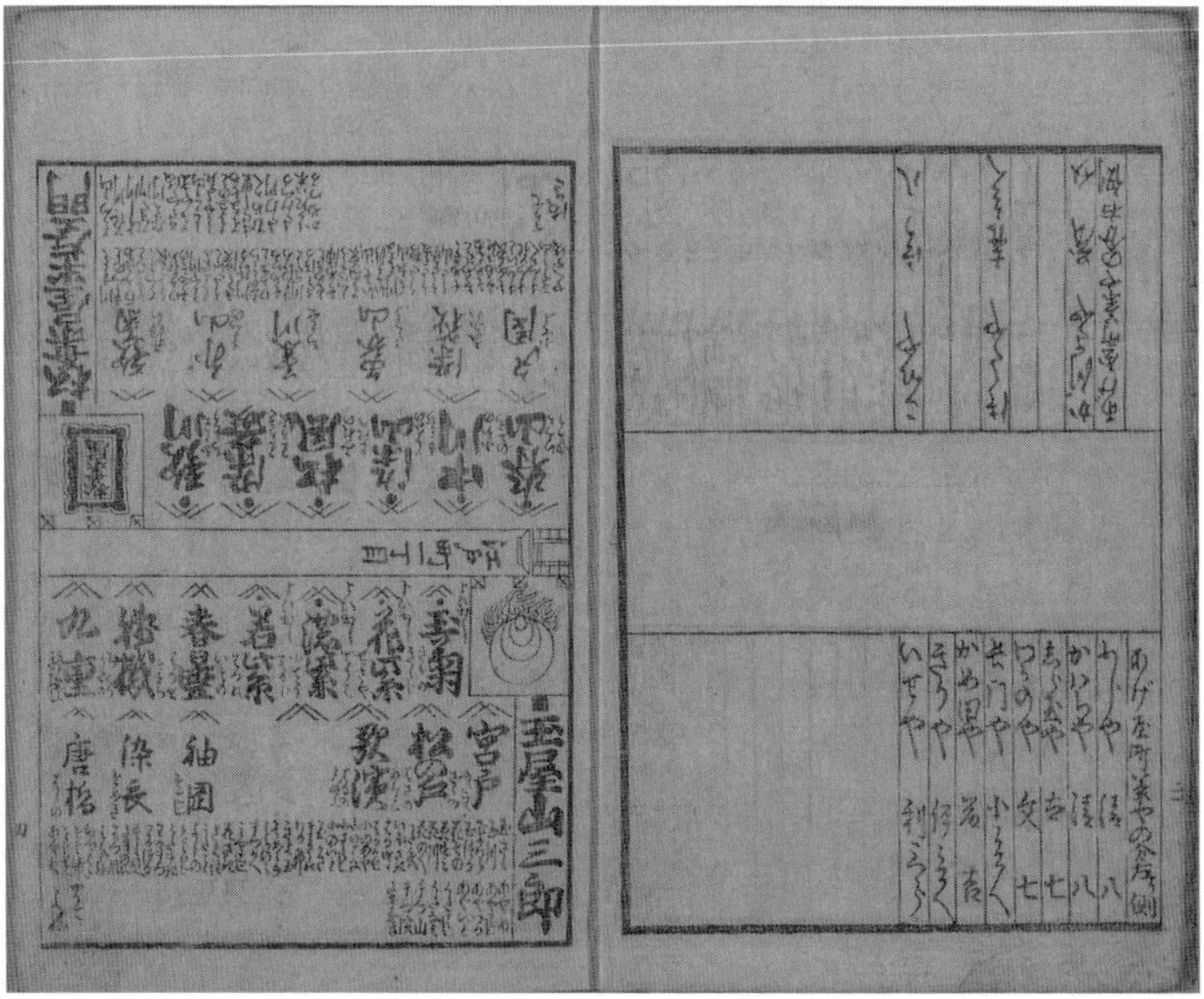

蔦屋版の『吉原細見』　1795年（寛政７）発行。 国立国会図書館蔵

◇蔦屋重三郎の商売の特徴と才覚

吉原細見の編集で経験を積んだ蔦重は、一七七四年（安永三）七月、初めての本である『一目千本《ひとめせんぼん》』を出版する。北尾重政《きたおしげまさ》が絵を描いた絵本形式の遊女評判記である。これは吉原の遊女を挿し花に見立てて紹介するという、斬新なアイディアにより編集された本である。花器に活けられた百合や菊などの一本、一本の花に遊女の名が記されている。この本は吉原のすべての遊女を網羅して掲載しているのではなく、お金を出資した遊女のみを紹介するという編集形式で、一般に販売されるというものではなく、吉原内の茶屋・妓楼・遊女用であり、また馴染みの客などへの贈答用であったといわれる。

蔦重は最初の本の出版に際して、遊女などからお金を集めて出版するという、リスクを負わないやり方の商売をし

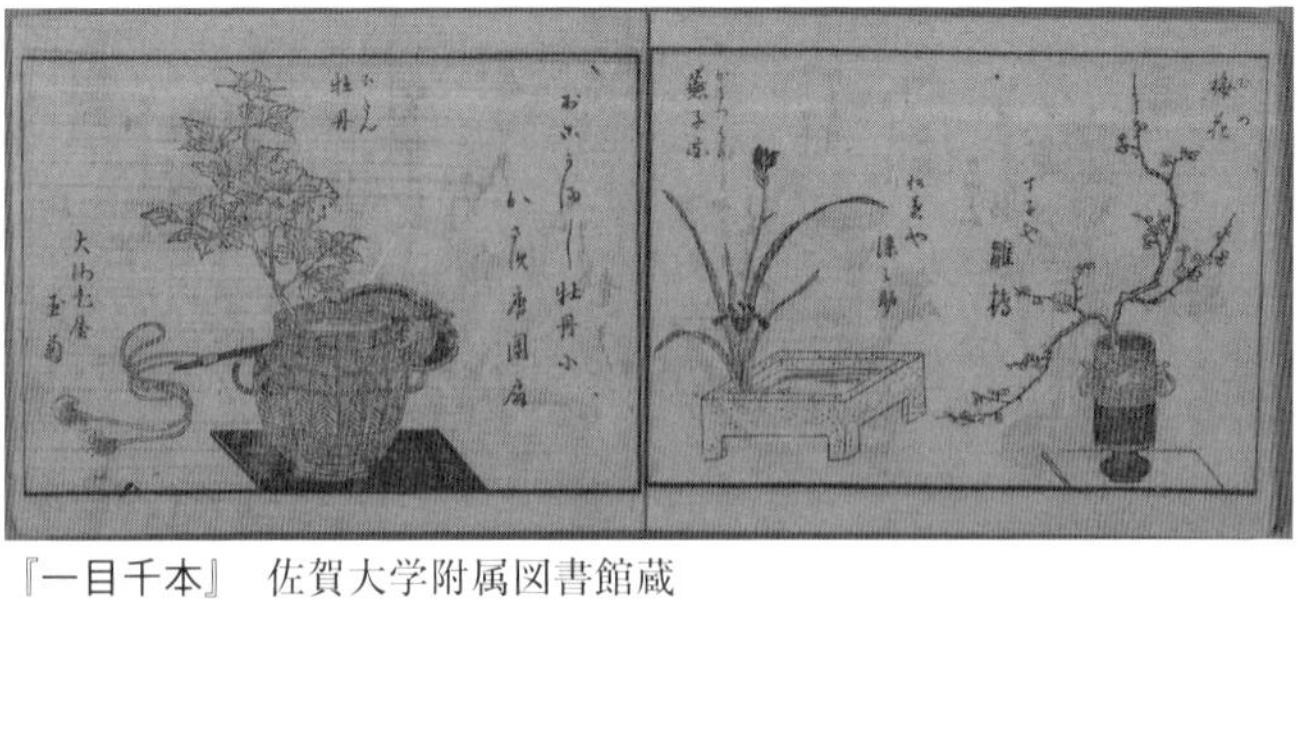

『一目千本』　佐賀大学附属図書館蔵

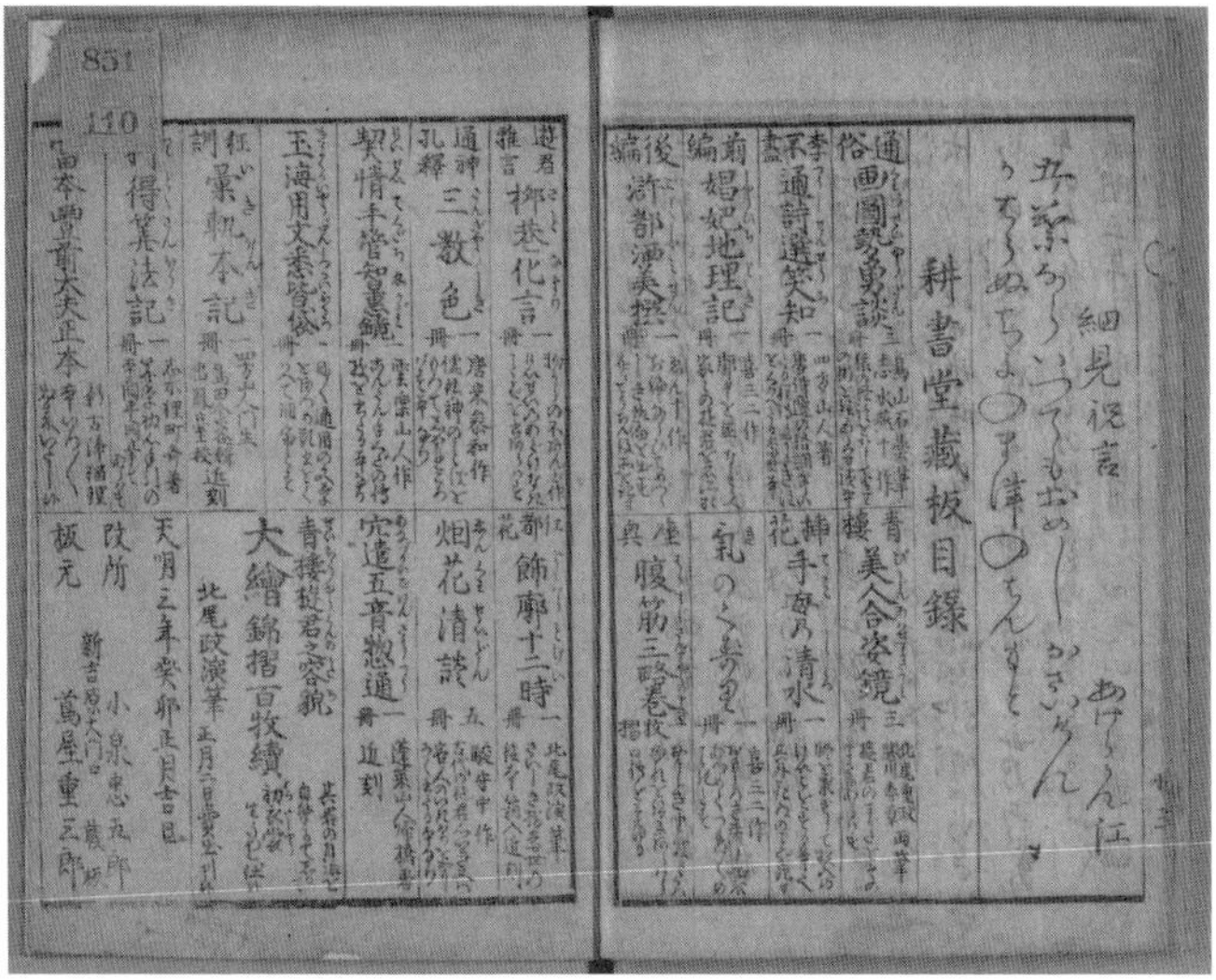

『吉原細見五葉枩』　1783年（天明３）に、蔦重が巻末に広告掲載した吉原細見。　国立国会図書館蔵

ている。蔦重は初めから堅実で賢い商売人だった。この後も蔦重は、自分が生まれ育った吉原を地盤とした出版活動を続けていくのである。

　この年の一月蔦重は、『細見嗚呼《ああ》御江戸』という吉原細見を出版し、その序文を平《ひら》賀《が》源内《げんない》に書いてもらっている。当時の文化人の代表者として名の知られていた源内に序文を書いてもらうとは、やはり蔦重は目の付け所が違う。田沼時代の申し子ともいうべき源内の序文は、『細見嗚呼御江戸』を興味深く、質の高いものにしたであろう。

　翌一七七五年七月、蔦重は、編集・販売のみでなく自分の名前で初めて吉

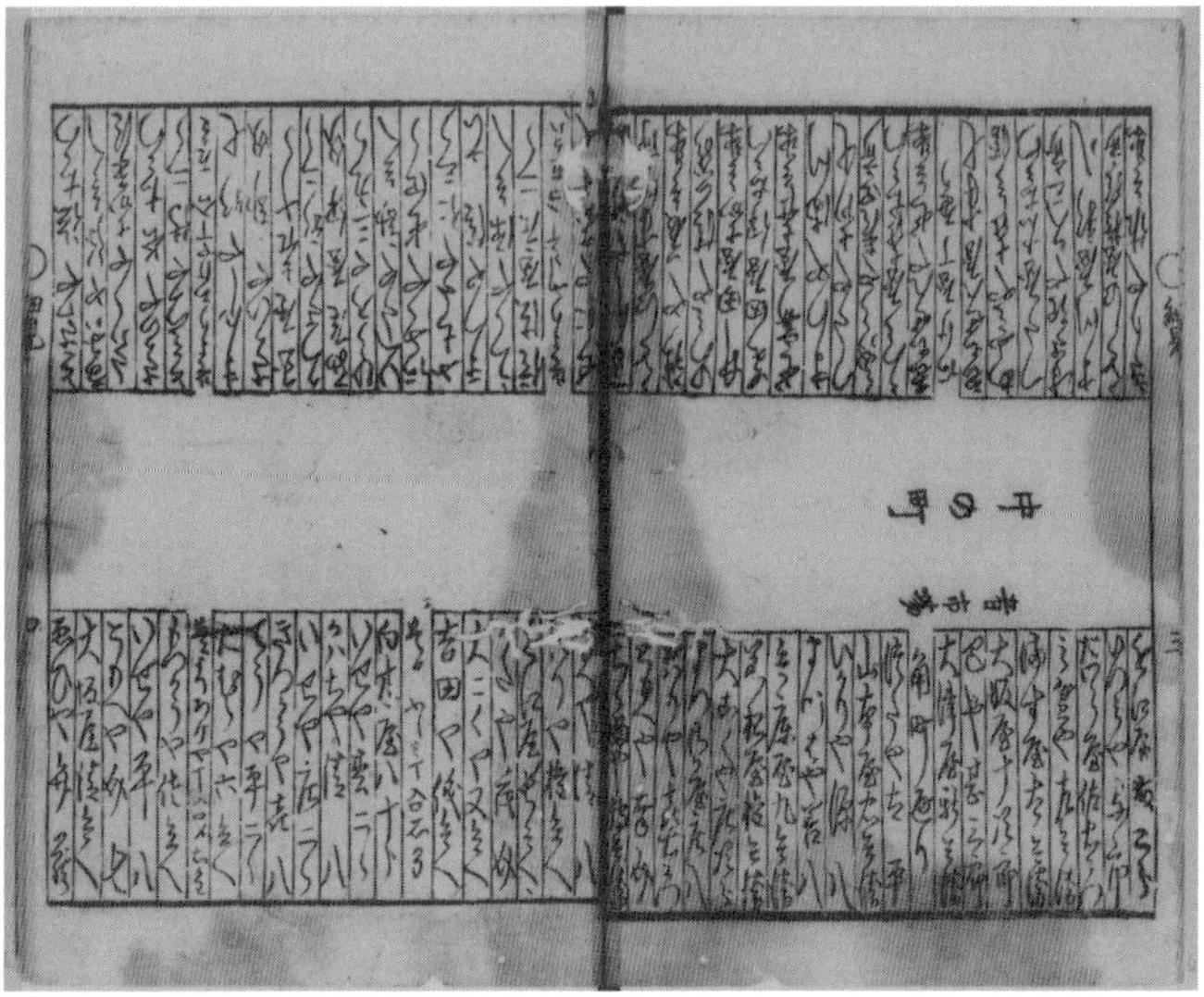

『籬の花』　出典:国書データベース(https://doi.org/10.20730/100388821)
関西大学図書館蔵

原細見『籬《まがき》の花』を刊行した。それまで吉原細見を出版してきた鱗形屋が、幕府の禁じる重版・類版をおこない処罰されたために吉原細見を出版できなくなった。これにより鱗形屋は経営が傾き、この年の秋に刊行予定の吉原細見も刊行できなかった。これを好機と見た蔦重が吉原細見の出版に参入したのであった。この『籬の花』刊行の成功によって蔦重は、本屋として大きく飛躍していくこととなる。

蔦重は、本の出版にあたっては、従来通りや型通りを好まない。必ず編集には工夫をこらし、少しでも改善し、より良いものにしようとする。

『籬の花』は、それまでの吉原細見の形式を大きく改訂したものであった。まず、それまでの細見の判（大きさ）をひとまわり拡大したのである。具体的には、縦十五・六センチ、横十一センチの「小本」から、縦十八・五センチ、横十二・四センチの「中本」にした。

そうして、内容のレイアウトも大きく変えた。それまで一段組のものを実際の吉原の区画にならって、メインストリートの「仲之町」の両側に茶屋を隙間なく並ばせ、各町ごとに上下に分け妓楼を向かい合わせに記した。このような方法で、本のサイズをひとまわり大きくし、そのかわり丁数（頁数）を半分にしたのである。それでも必要な情報はすべて入っていた。これで経費の大半を占める紙代が安くなり、安価で販売することができ、「籬の花」はヒットした。

蔦重は吉原細見で成功すると、一七七六年（安永五）正月、多《た》色摺《しょくずり》絵本『青楼《せいろう》美《び》人《じん》合《あわせ》姿鏡《すがたかがみ》』を刊行する。青楼とは、妓楼のことである。北尾重政と勝川《かつかわ》春章《しゅんしょう》が下絵を描いた「日本印刷文化史上に残る」といわれた美しい本である。特別豪華な版の本で、経費もかかり、蔦重独自では刊行できなかったらしく、本石町十軒店の山崎金兵衛との組合版だった。

遊女一六四人と、遊女たちが詠んだ俳諧が掲載されているが、一つの図に遊女が三人ゆったりと描かれたり、五人が窮屈に描かれたりという、ばらつきがあるのは、おそらく遊女や妓楼の出資額の差であろうといわれる。ひとりの遊女もいない妓楼や高位の遊女でも掲載されていない者もいた。

同年には、鱗形屋も吉原細見の刊行を再開したが、蔦屋版の方が人気が高く、鱗形屋のものは売れなかった。その後、吉原細見は蔦屋版の独占状態となり、蔦屋の主力商品として継続して出版されていく。やがて、鱗形屋は出版界から駆逐《くちく》されていく。

『一目千本』と『青楼美人合姿鏡』には蔦重の本の編集理念がうかがえる。「遊女一人一人異なる人間であり、個性がある」、「個性があるからこそ異なる花で表現できる。個性があるからこそ、筆致にはそれが現れる」、「従来の型にはめずに、それに向き合おうとする。それを見つめ、編集しようとする」というものであった。(『蔦屋重三郎　江戸を編集した男』田中優子)

蔦重は、『籬の花』と『青楼美人合姿鏡』の出版で成功をおさめ、本屋として大きく飛躍する機会を得たが、これに浮かれることなく堅実な書店経営をおこなっていく。吉原細見と豪華な多色摺絵本という華やかな雰囲気の本とは少し傾向の異なる、富本節《とみもとぶし》関連のいわば地味ともいえる本を出版する。

富本節とは、三味線の伴奏による語り物である浄瑠璃《じょうるり》の流派で、一七四八年(寛延元)

に富本豊志太夫の創始に始まる。この豊志太夫の実子牛之助が二代目豊前掾《ぶぜんのじょう》を襲名し、天性の美声で人気を博し、富本節の全盛期をつくりあげた。

『青楼美人合姿鏡』　北尾重政と勝川春章が遊女を描いた錦絵本であり、青楼とは遊郭のこと。　国立国会図書館蔵

富本節の流行により、富本節を習いたいと希望する者が増えて、富本節の正本と稽古本の需要が高まった。商売勘の鋭い蔦重は、これを好機ととらえ、すぐに正本と稽古本の出版の株を取得し、本格的に本の出版に乗り出した。富本節の劇場での好評とともに蔦重の出版する正本と稽古本が売れていった。富本節が衰退するまで、富本節関連の本の販売は蔦屋の大きな経営の柱となった。

もうひとつ蔦屋の柱となった本に、往来物があった。往来物とは手習いに使われる教科書である。往来物の出版には株が必要なく、当時の商慣習では誰が同一の本を出版しても重版や類版にはならなかった。蔦重が活躍した十八世紀後半には、全国の各藩において藩の学校である藩校が続々と開校されていた。経済や文化の発展とともに、各藩の財政状況は苦しくなり、さまざまな藩政の問題が生じていた。これを解決すべく各藩は藩政の改革に迫られていた。そのためには有能な人材の育成が必要だった。

また、庶民の教育もさかんになり、農民も都市の町人も手習いをする者が増えた。そこで庶民教育の教科書の需要が高まってくる。蔦重は、価格は安く儲けも少ないが、幅広く、しかも安定して長く販売可能な往来物に着目し、安永期から天明期、寛政期と長く往来物を刊行し続けていく。

こうして蔦重は、富本本の出版と往来物の出版を蔦屋経営の柱として、蔦屋を盤石なものとした。

◇蔦屋重三郎の洒落本・黄表紙の刊行

蔦重は蔦屋の経営基盤を安定させると、新たな分野に進出していくのである。まず蔦重は、朋誠堂喜三二《ほうせいどうきさんじ》と親交を深めて次の出版の準備をする。喜三二は、本名を平沢常富《ひらさわつねまさ》といい、秋田藩の江戸留守居役《るすいやく》という身分であった。喜三二は役職柄、さまざまな情報を収集するために、他藩の留守居役と同様に吉原を利用したであろう。

喜三二は蔦重の十五歳年上であったが、吉原出身の蔦重とは吉原を通じて知遇を得て親交を深めたのではないだろうか。蔦重は、一七七七年（安永六）に道陀楼麻阿《どうだろうまあ》（喜三二の別名）という名で『娼妃地理記《しょうひちりき》』という洒落本《しゃれぼん》を刊行した。この本は、吉原を日本の国に見立てて面白く紹介している。

洒落本とは、吉原を中心とした遊里を題材とする戯作《げさく》（通俗小説）。一七七〇年（明和七）刊行の田舎老人多田爺《いなかろうじんただのじじい》の『遊子方言』で、ひとつのスタイルが確立したといわれる。洒落

朋誠堂喜三二　山東京伝《さんとうきょうでん》の『吾妻曲狂歌文庫《あづまぶりきょうかぶんこ》』に描かれた朋誠堂喜三二。『吾妻曲狂歌文庫』（部分）　東京都立中央図書館蔵

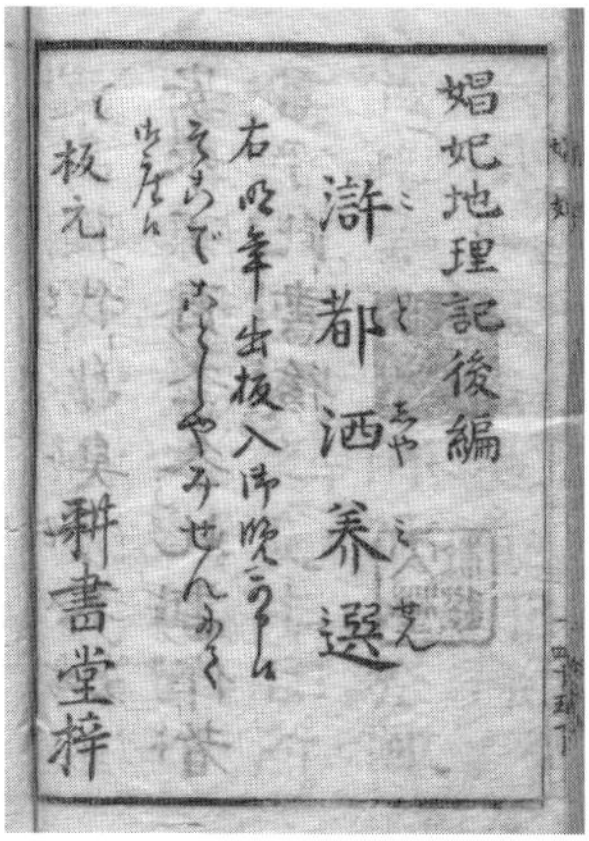

『娼妃地理記』　国立国会図書館蔵

『恒例形《いつものかた》間《ま》違《ちがい》曽我《そが》』３巻（朋誠堂喜三二）　国立国会図書館蔵

本の内容は、遊里における遊女と客の会話が中心で構成されている。洒落本とは、「それはパロディ、風刺《ふうし》ともいえるが、むしろ権威を引きずり下ろして、ある場所に置く方法だ。ある場所とは遊里（遊郭）である」と評される。（『蔦屋重三郎　江戸を編集した男』田中優子）

蔦重が洒落本を刊行する二年前の一七七五年（安永四）、鱗形屋から恋川春町《こいかわはるまち》の作・画による『金々先生栄花夢《きんきんせんせいえいがのゆめ》』が刊行された。後に、この本のような洒落本を絵本にした漫画的スタイルは、黄表紙《きびょうし》と呼ばれるようになる。

江戸時代になり、これまでに刊行されてきた赤本（子ども向けのお伽噺《とぎばなし》や説話が中心の赤い表紙の本）、黒本（歌舞伎や浄瑠璃などをもとにした大人向けの内容の黒い表紙の本）、青本（恋愛や遊郭物が多く黒本との区別はあいまいな萌黄《もえぎ》色の本）とは異なり、物語性の高い大人向けの内容となっている。

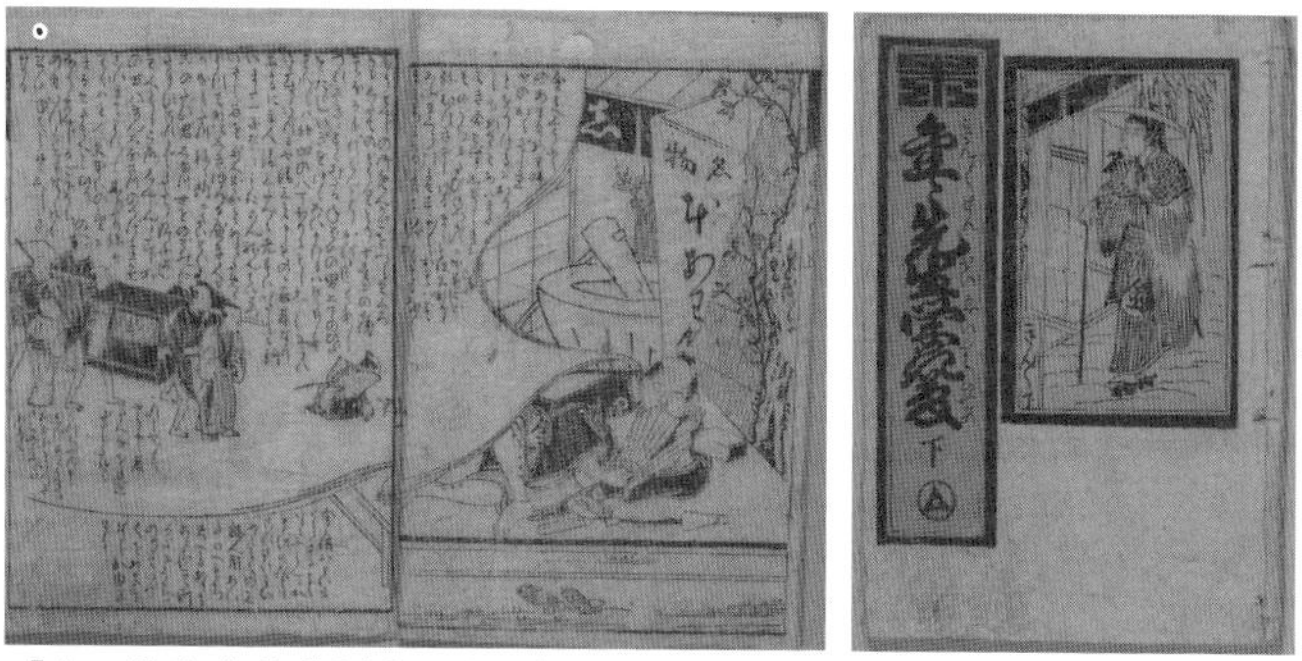

『金々先生榮花夢』（恋川春町）　田舎から出てきた金兵衛が、金持ちになったが落ちぶれる夢を見て、虚しくなり国に帰るという物語。国文学研究資料館蔵　出典：国書データベース（https://doi.org/10.20730/200015145）をもとに作成

春町は駿河《するが》小島《おじま》藩の武士で、本名は倉橋格《くらはしいたる》といった。小島藩はわずか一万石の小さな藩であったが、春町は本来の武士としても有能で、御年寄本役（一二〇石）に出世している。ペンネームは、小島藩邸のあった「小石川春日町《こいしかわかすがちょう》」からとったものである。春町は、文章も書け絵も描けるという才能のある芸術家でもあった。孫兵衛は春町の才能を見抜き、新しいジャンルの本を開拓したのである。若い

恋川春町　『吾妻曲狂歌文庫』に「酒上不埒」という狂歌師として掲載された。『吾妻曲狂歌文庫』（部分）　東京都立中央図書館蔵

蔦重が、老舗《しにせ》の本屋である孫兵衛の企画力に影響されたことは、充分に考えられる。

喜三二が最初の黄表紙を刊行したのは、一七七七年（安永六）で、これ以来喜三二は黄表紙作者としての名声を高めた。しかし、蔦重はすぐには喜三二の黄表紙を刊行することができず、刊行はようやく三年後になってからであった。蔦重は一七八〇年、一挙に十作の黄表紙を出版している。

この年は、鱗形屋が草双紙の出版を休止した年でもある。蔦重版の黄表紙がこの年まで刊行されなかったのは、草紙系の出版物の流通網に蔦重が関与していなかったからと考えられるのではなかろうか。（『新版　蔦屋重三郎』鈴木俊幸）

つまり、鱗形屋の衰退により、そのかわりを引き継いだ蔦重が本格的に黄表紙の刊行を始めたのではないかということである。

◇天明期の狂歌隆盛

安永期において、吉原細見、黄表紙、洒落本の刊行で本屋としての経営手腕を大いに発揮した蔦重は、天明期には狂歌の流行に乗って狂歌本を多数刊行していく。蔦重の場合は、単に流行に乗るということではなく、蔦重自らが流行をつくり出し、さらに発展させていくという役割も担っていた。

狂歌というのは、わかりやすくいえば、五・七・五・七・七の三十一文字の伝統的な和歌の形式で、滑稽・機知に富む内容を反古典的な表現で詠んだ短歌である。江戸時代、とくに天明期に大きな隆盛を迎えるのだが、さかのぼれば狂歌の歴史は古く、平安時代からすでにつくられ始め、鎌倉時代、室町時代と続いてきた。

しかし、その場での詠み捨てが原則だったためにほとんど残っていない。江戸時代になり、松永貞徳《まつながていとく》が上層階級のくだけた風流である狂歌と俳諧を庶民に広め、一七六九年（明和六）頃に江戸狂歌が誕生したといわれる。この頃の狂歌師は「連」というグループを形成して作品を詠んだ。江戸には、吉原連、四谷連、朱楽連、山の手連など、十いくつかの連があった。

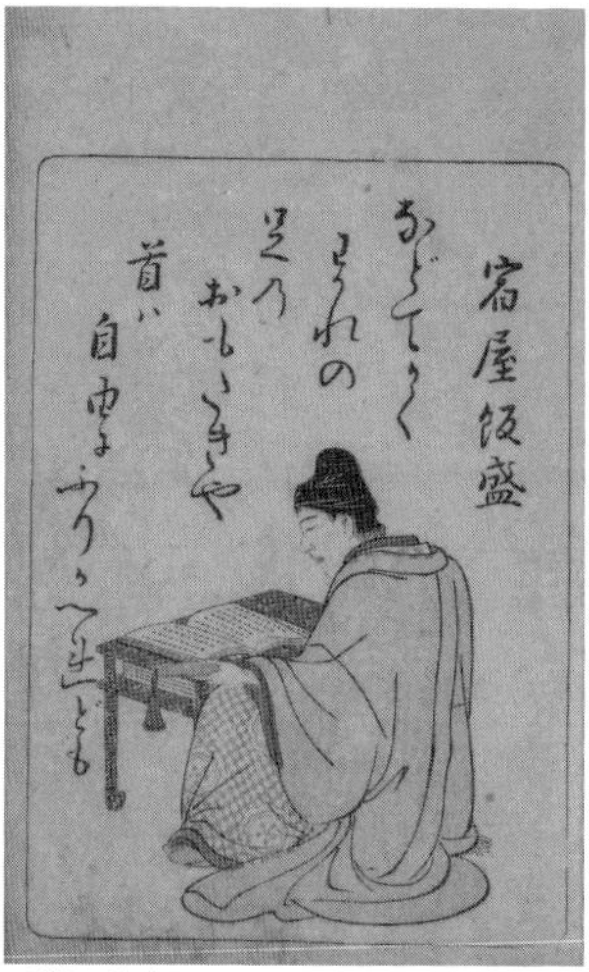

宿屋飯盛《やどやのめしもり》　狂歌四天王の一人とされたが、国学者としては石《いし》川雅望《かわまさもち》と称した。『吾妻曲狂歌文庫』（部分）　東京都立中央図書館蔵

なかでも、天明狂歌三大家と称

された、唐衣橘洲《からころもきっしゅう》、大田南畝《おおたなんぽ》、朱楽菅江《あけらかんこう》らが鋭い機知と軽快な笑いを基調とする「天明狂歌」をさかんにしていったのである。

橘洲は、御三卿《ごさんきょう》のひとつ田安家の家臣で本名は小島謙之、通称源之助。自宅でしばしば狂歌会を主催し、四谷連の総帥として天明狂歌壇の基礎を確立した。和歌を得意とした作風で、作風の異なる南畝とはライバル関係にあった。

大田南畝 『近世名家肖像図巻』 南畝は、号を蜀山人、狂歌名は四方赤良といった文人。
出典：ColBase（https://colbase.nich.go.jp/）
東京国立博物館蔵
「ColBase」（https://colbase.nich.go.jp/collection_items/tnm/A-9153?locale=ja）
をもとに作成

南畝は、御徒《おかち》を務める幕臣で、通称直次郎、別号は大田蜀山人《しょくさんじん》、四方赤良《よものあから》といった。軽妙な笑いと機知が人気で狂歌壇では橘洲と対峙した。菅江は、下級の幕臣で本名は山崎《やまざき》景貫《かげつら》。若い時から俳諧に親しみ、川柳や和歌にもすぐれた才能を見せた。友人の南畝の影響で狂歌や洒落本をつくるようになった。

戯作者の朋誠堂喜三二も恋川春町も武士であったが、天明狂歌三大家も皆武士であっ

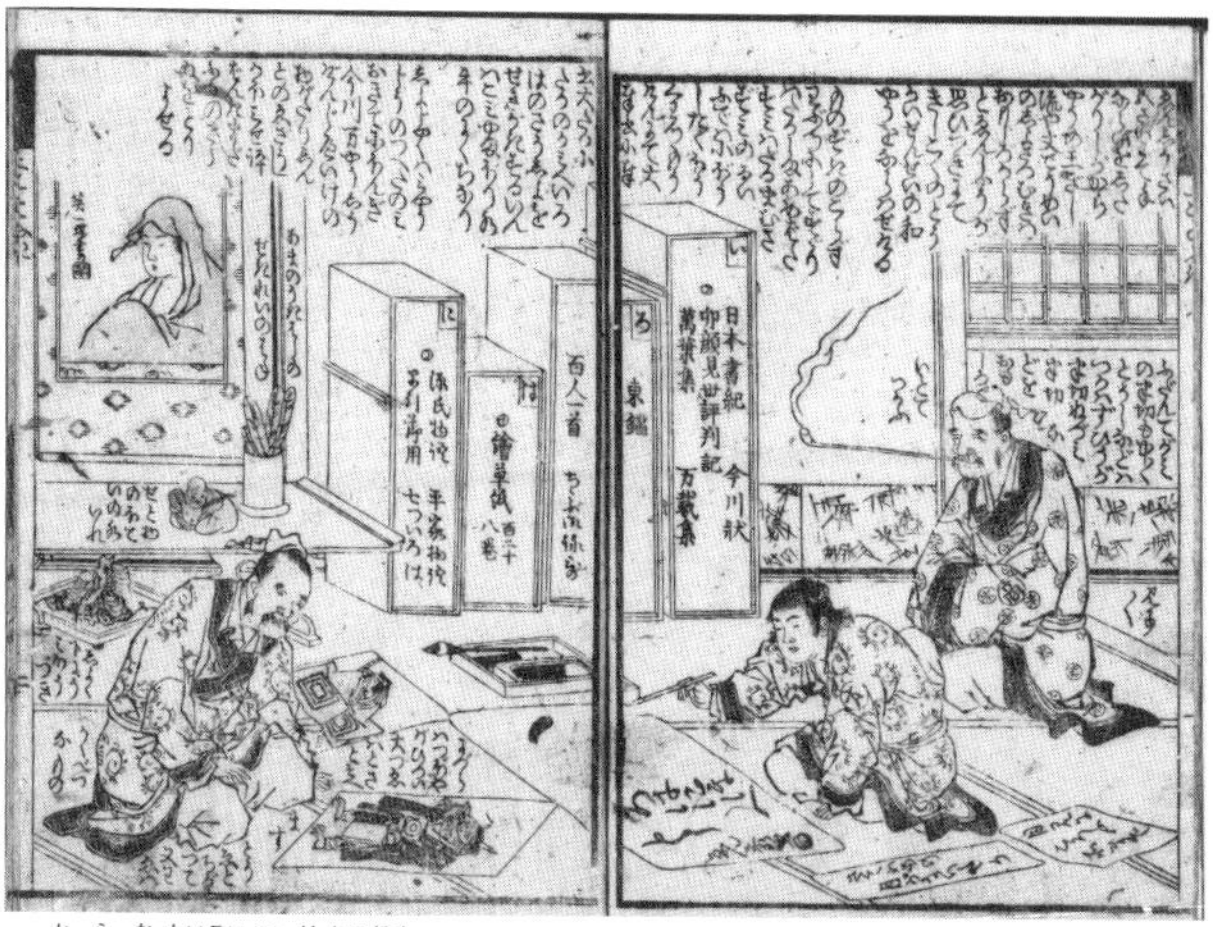

『漢国《から》無体《むたい》此奴《こいつ》和《は》日本《につぽん》』（大田南畝）　和歌や長唄の好きな中国人が日本にやってきて住吉大明神に出会う物語。　東京都立中央図書館蔵

た。当時の武士たちは、その立場や役職で異なるが、ある程度の教養があり、勤務の上では時間的に余裕があった。そのような環境の中で、自由な文芸活動ができたのだろう。あるいは、武士社会では出世も望めず、規律の厳しい身分でいいたいこともいえない。それならば、ということでペンネームを使い、別の人間になったつもりで自由な創作活動に身を投じていった者もいたのではないか。

蔦重は、狂歌本の出版のためにあらゆる努力を惜しまなかった。まず、蔦重は狂歌三大家のひとりである南畝に近づく。一七八〇年（安永九）正月に刊行された蔦重の黄表紙が、南畝の「菊寿草」に取り上げられ最高の評価をしてくれたことに感謝するため、蔦重は南畝宅を訪れた。南畝は大いに喜び、これより蔦重と親交を深めていく。江戸の狂歌壇はしだいに南畝をひとつの核としてまとまっていく。

蔦重は、それぞれの狂歌師が集まりを持つ時には大いに貢献している。自らのホームグラウンドである吉原に集まりを設定し、蔦唐丸《つたのからまる》というペンネームを名乗り、狂歌会の末席にも名を連ねる。

一七八三年（天明三）三月十九日、日暮里において狂歌連の連合会である大会が開催され、『狂歌《きょうか》知足振《しったりぶり》』に江戸中の狂歌師三二六名が掲載されている。同年六月十五日にも「狂歌名よごしの祓」の会が開かれ、おもな狂歌師六十名が参加している。こうしてしだいに天明の狂歌・戯作者のまとまりがつくられていく。この陰の立役者となったのが、蔦重であった。

天明の狂歌ブームに乗り、多くの狂歌本が出版されていくが、もっとも天明狂歌に熱意を持って取り組み、多くの狂歌集を出版したのが蔦重であった。

天明の狂歌師と蔦重の関係をもっとも象徴しているのが、一七八四年に岩戸屋源八が出した『吉原大通会《よしわらだいつうえ》』であろう。この本は春町作画の黄表紙であるが、手柄岡持《てがらのおかもち》（朋誠堂喜三二の狂名）が天狗の力で狂歌の名人十人を集めるという話である。

十人の名人とは、四方赤良（大田南畝）、朱楽菅江、加保《かぼ》茶元成《ちゃのもとなり》、元木網《もとのもくあみ》、酒盛入道常閑、

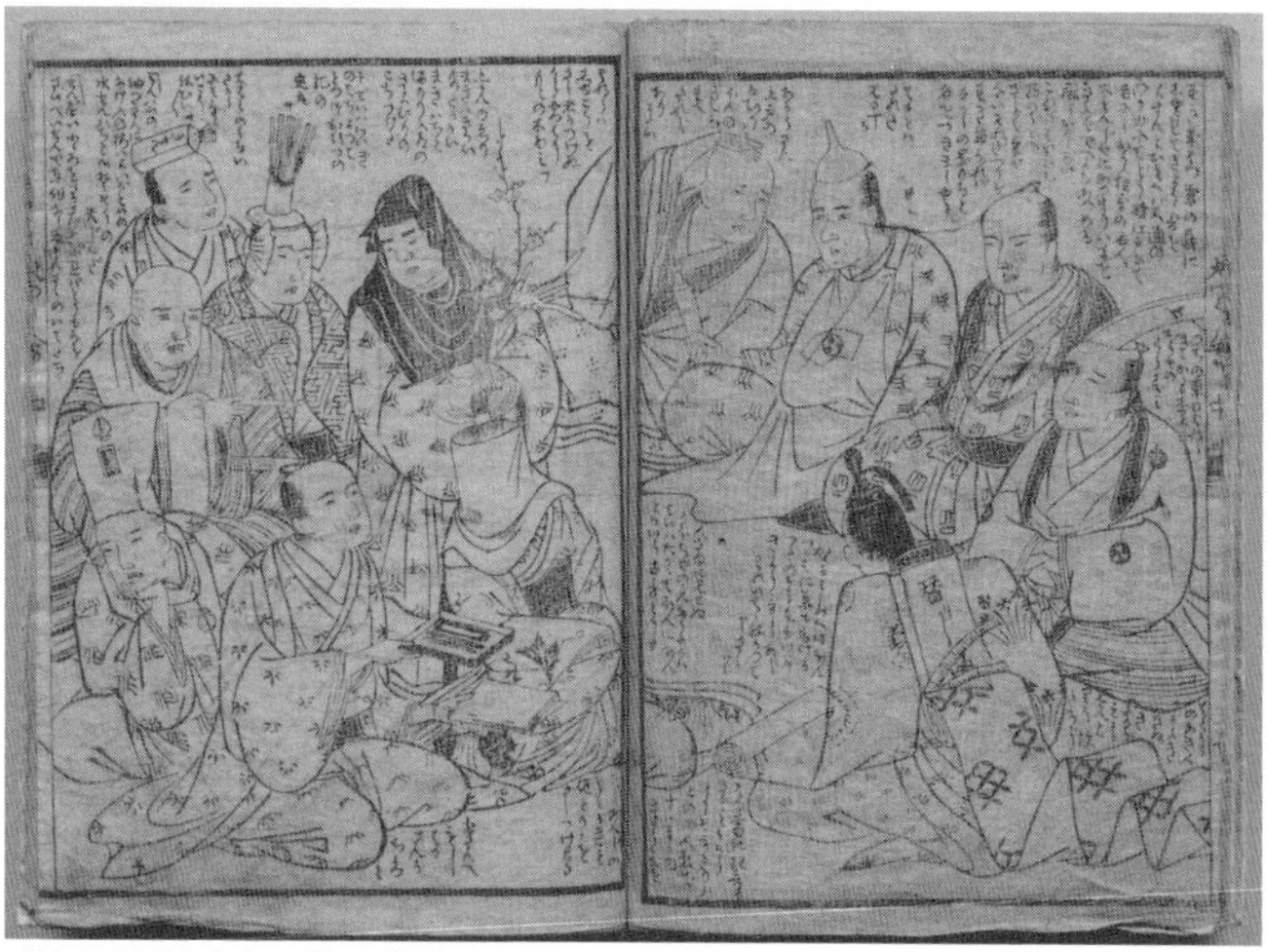

『吉原大通会』３巻　蔦重は狂歌師たちとの交流を通して出版事業を展開していた。左から手前２人目が蔦重。　国立国会図書館蔵

紀定丸《きのさだまる》、大原《おおはら》の久知為《くちい》、平秩東作《へずつとうさく》、大屋裏住《おおやのうらずみ》、腹唐秋人《はらからのあきうど》であり、この中に蔦重が登場している。十人の狂歌師はそれぞれの狂名にちなんだ扮装をしているが、蔦重のみが普通の服装で登場している。そうして蔦重は、岡持を含めた他の十一人に対して、紙と硯を差し出して、「十一幕の狂言を、即興でお書きください」と乞うている。まさに蔦重は出版人の面目躍如といった存在を見せているのである。

狂歌師ではなく本屋という、まったく異質の存在の蔦重が、狂歌師の会に参加しても許されるような雰囲気が狂歌壇にはあったのだろう。

◇蔦屋重三郎の日本橋進出

一七八三年（天明三）九月、蔦重はそれまで多数出版してきた吉原細見の独占出版に成功すると、日本橋通《とおり》油町《あぶらちょう》に店を出した。吉原大門《おおもん》前の五十間道の店は手代の徳三郎にまかせ、地本問屋丸屋小兵衛の店舗を買い取り、新規に耕《こう》書堂《しょどう》を開店したのである。

『画本東都遊』　葛飾北斎が描いた耕書堂の店先。『画本東都遊』（部分）　東京都立中央図書館蔵

日本橋は江戸の町の中心であり、書物問屋や地本問屋などの出版界の代表格が店を構える場所だった。そのような日本橋に店を出すことができたということは、蔦重も一流の地本問屋の仲間入りをはたしたということである。吉原大門前に店を出してからわずか十年にしての大躍進であった。日本橋出店を機に蔦重は、幼い頃に別れた両親を呼び寄せていっしょに暮らすようになった。

蔦屋耕書堂跡　蔦屋重三郎が出世して店を出した日本橋通油町の耕書堂の跡。（東京都中央区日本橋大伝馬町）

蔦屋耕書堂跡付近

二　田沼意次の人脈・党派の形成

◇政略結婚と党派の形成

意次の出世はとどまることを知らず、一七七七年（安永六）、七〇〇〇石加増の三万七〇〇〇石となった。二年後の一七七九年、家治《いえはる》の子家基が急死したために、意次は家治の後継ぎの選任を命じられた。意次はこの難題を苦心の末に処理することができた。次期将軍の後継は、御三卿の一橋家の治済《はるさだ》の子豊千代を家治の養子にすることで解決したのである。

この将軍継嗣問題の解決の功績により、意次は一万石加増され、四万七〇〇〇石となった。

相楽城本丸跡　現在は牧之原市史料館となっている。

相楽城二の丸跡の松　相楽小学校の校門の近くにある。

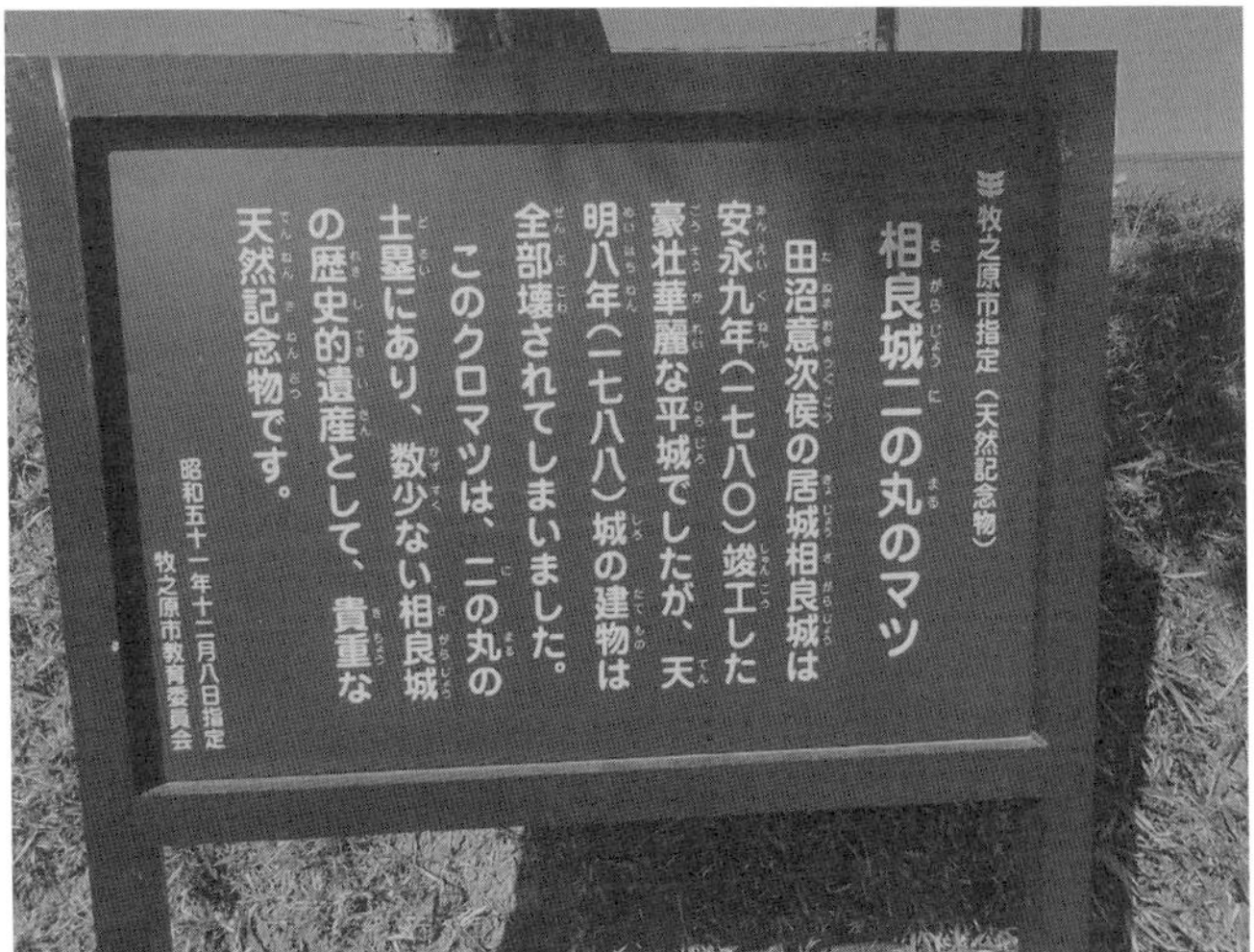

二の丸の松の説明版

相楽城址　現在は小学校・中学校・高等学校・市庁舎・史料館が建っている。

その後、一七八五年（天明五）に一万石の領地を与えられ、五万七〇〇〇石の大名となったのである。

意次は徳川幕府史上ではもっとも政略結婚を駆使した政治家といえるだろう。まず、幕閣の四人の老中すべてと意次は姻戚関係を結んだ。松平康福《やすよし》の娘を意次嫡男の意知《おきとも》の嫁に迎えた。同じく老中の久世広明の孫に意次の孫娘を嫁がせた。老中格の水野忠友には意次の息子意正《おきまさ》を養子に出している。牧野貞長の息子には意次の孫娘を嫁がせた。こうして意次は、老中四人全員と深い姻戚関係を形成したのである。

意次の政略結婚はこれだけにとどまらない。幕閣においては、老中の次の地位である若年寄とも姻戚関係を結んでいる。太田資愛《すけよし》には意次の孫娘を養女にする約束をし、井伊直朗《なおあきら》の妻には意次の娘を与えた。つまり、三人の若年寄のうち、息子意知の他の二人と姻戚関係になったということである。

　さらに御三卿のひとつ一橋家との関係も深い。意次の妻は、一橋家の家老伊丹直賢《なおかた》の娘であり、同じく一橋家に仕える意次の弟意誠《おきのぶ》の子意致《おきむね》は、直賢の孫娘を後妻に迎えている。この他、意次の七女は、大岡忠光（九代将軍家重の側用人）の子の大岡忠喜《ただよし》（武蔵岩槻二万石）の後妻、六男雄貞《かつさだ》は土方雄年《かつなか》（伊勢菰野一万一〇〇〇石）の養子となっている。

　また意次は、幕閣や大名家だけでなく大奥との関係も重視していた。老中として表の政治をおこなうには、将軍への影響力を持つ大奥の力は無視できないものがあった。その頃、大奥の最大の権力者高岳《たかおか》と意次は表と奥の権力者同士、関係を強めていた。それだけでなく、幕府奥医師の千賀道有《せんがどうゆう》を通して大奥とのつながりも持っていた。道有は意次の側室の仮親（身元保証人）という関係であり、家治の子家基の生母「於知保《おちほ》」ともつながっていた。これら大奥との関係は意次の政治に目に見えない形で力をおよぼしていたと思われる。

　意のままの行政を執行するためには幕府役人との関係も重要である。勘定奉行の石谷清昌の子清貞の妻は、意次の妹の娘、つまり姪であった。同じく勘定奉行であった松本秀持の養子は千賀道有の兄弟であり、勘定吟味役の村上常福《つねとみ》は、千賀道有の娘を養女にしていた。意次の人脈は幕府内のあらゆる組織に張りめぐらされていた。

このように意次は、幕府の政治の中で重要な、表・中奥・大奥のすべてに姻戚関係などによる人脈をつくり、権力の基盤を築いていた。(『田沼時代』藤田覚)

◇幕府最高権力者へ

江戸時代全期を通して、田沼意次ほど堅固と思われる政治基盤を築いて、絶大な権力を有した政治家はいないと思われる。

意次は、家重と家治二代にわたって将軍の小姓をつとめ、とくに家治からは篤い信任を得て政治をすべて任されていた。意次以前にも将軍以外で強い権力を掌握した政治家はいたが、将軍と密接な関わりを持つ中奥の権力者である側用人と、表の最高権力者の老中の地位を兼任した政治家はいなかった。

下馬将軍と称され、大老として並ぶ者のいない権力を誇った酒井忠清、知恵伊豆と称され辣腕を振るった老中松平信綱、将軍の威光を背景に側用人として権力を誇示した柳沢吉《やなぎさわよし》保《やす》・間部詮房《まなべあきふさ》、将軍の侍講という立場ではあったが、側用人の間部と一体となって改革をおこなった新井白石、老中首座と将軍補佐の地位を得て寛政の改革を断行した松平定信、天保の改革をおこなった老中水野忠邦、安政の大獄で恐れられた幕末の大老井伊直弼《なおすけ》など、著名な権力者はいたが、これらの人物はすべて、中奥か表か、どちらかの権力者の地位にしか就いていないのである。もちろん、片方の地位だけでも将軍や他の幕閣の有力者との関係によっては、強い権力を行使することは可能であったろう。

しかし、意次はこれまでに例のない二つの権力を行使できる地位に就いたのである。意次の権力者としての特徴はまさにこの点にあった。

老中首座の地位にあり、最大の実力者と目された松平武元《たけちか》が一七七九年（安永八）に、先任老中の板倉勝清と阿部正允《まさちか》が翌一七八〇年に、松平輝高は一七八一年（天明元）にあいついで亡くなった。残った老中は意次の親類の久世広明、水野忠友、牧野貞長であり、意次の思い通りに動かせる者たちばかりである。意次は誰にも遠慮することなく、意のままに政治をおこなう立場となった。

意次はいよいよ権勢の絶頂期を迎えたのである。

三　田沼意次の政策

◇独裁政治

意次は永年の努力の積み重ねの結果、幕府権力を完全に掌握し、最高権力者の地位を得た。いよいよ、意次の理想とする政治をおこなうことが可能になったのである。

意次の政治の進め方は、形式上は幕府の制度に沿ったものであったが、実際はほぼ意次の独裁政治であったといえる。意次は老中全員の評議に諮《はか》る前に、まず直接担当者と協議してほぼ政策案を決めてしまう。その後に幕閣に意見を求めるが、ほとんどが田沼家と姻戚関係にあるので反対はない。その後は側用人として将軍家治に裁可を仰いでいるが、意次は家治から絶大な信頼を得ている。しかも家治は、政治にそれほど意欲的でなく、またくわしくもないため、意次の政策案に異を唱えることもなかったであろう。

いちおう、手続きを踏んで政策案を決定した上で執行しているのだが、ほぼ意次の独断専行といってもよい。

◇経済政策

第一章で少し述べたが、江戸幕府の草創期は幕府の財政も豊かであったが、十七世紀末頃から財政状況が悪化する。幕府もさまざまな改革を試みるが、貨幣経済が進展する流れの中で、幕府も諸大名もますます財政は苦しくなる一方で、改善の兆しが見えないまま田沼時代となる。

意次の財政策の特徴は、経済活動に目を付けたことである。それまで幕府は、歳入を農民からの年貢米に頼っていた。そのために新田開発や年貢の増徴をおこなって歳入を増やそうとしてきた。このやり方はもはや限界にきていたのである。

そこで意次が考えたことは、経済的に豊かになってきた商人に対する課税であった。商人に対する税には、「運上《うんじょう》」と「冥加《みょうが》」というものがあった。運上とは、税率が一定の営業税のことである。冥加は、営業上の特権、権利などを与えられたことに対する見返りの献金のことである。本来はこのように区別があったが、しだいに区別はあいまいになってしまう。

享保の改革でもおこなわれたことであるが、意次は江戸の十組問屋《とくみといや》、大坂の二十四組問屋などの株仲間や会所の設立を積極的に認め、そのかわり運上を幕府に納めさせたのである。この政策は成功し、商人や職人たちは株仲間の公認を幕府に求めるという流れが生まれ、幕府の税収入も増えた。

幕府は歳入を増やすために、運上・冥加の他に、さまざまな経済政策の提案を民間から求めた。いわゆる献策の採用である。十七世紀末から十八世紀はじめにかけて、江戸の経済は、幕府や藩が主導するという段階から、力をつけて成長してきた商人たちが経済活動の中心となってきていた。

江戸初期におこなわれていた幕府の大規模な土木工事や新田開発などの、いわゆる公共事業は、元禄期になると民間業者の請負方式へと変わっていく。このため土木工事などの必要性が民間業者から幕府に献策されるようになり、民間業者はその事業の獲得のために役人に近づき、働きかけを強めるようになっていく。

民間業者である商人たちは、幕府事業の担当部署である勘定奉行所への働きかけを強めるために、権力者である老中や若年寄などへ口利きを依頼するようになる。直接老中や若年寄に依頼することは難しいため、まずはその家臣たちに接触し、主《あるじ》である老中や若年寄に取り次いでもらう。そうして、老中や若年寄の力を利用して勘定奉行所からの仕事を得る。このような慣習というか構造が出来上がると、賄賂横行の温床となってしまうのである。

意次がよく賄賂政治家といわれるのはこのようなことが理由なのかもしれないが、このことについては後にくわしく述べることとする。

幕府は歳入を増やすために、利益の上がる領知を幕領にしようとした。一七六四年（明和元）、幕府は銀貨鋳造と輸出用の銅を確保するために阿仁《あに》銅山の上知《じようち》を発表したが、秋田藩の強い抵抗にあい、幕府はこれを撤回せざるを得なかった。この五年後には、尼崎藩領内の兵庫・西宮を含む二十四ケ村（一万四〇〇〇石）を播磨の幕領一万九〇〇〇石と交換するという形で幕領とした。これは、尼崎藩領内の特産物である燈油の原料の菜種を得るためだったといわれる。

当時の大きな経済問題として、享保期以来の「米価安の諸色高」という問題があった。幕府も諸藩も税として年貢米を徴収し歳入とする。年貢米を換金して歳費とするわけであるが、当時はすでに貨幣経済が発展し、諸色（物品）の価格が上がり、新田開発や農業技術の進歩などにより米の生産量が増えた結果、相対的に米の値段が下がるという状況になっていた。これにより、幕府、諸藩はいくら年貢米を増やしても収入の増加にはつながらないという深刻な問題があった。

幕府はこの問題に対処するために米価引上げ政策をおこなった。まず、一七六〇年（宝暦十）、諸大名に対して領地高一万石につき籾一〇〇〇石の囲籾《かこいもみ》を命じて、市中の米の流通量を減らして米価を上げようとしたのである。次に幕府は、空米切手《からまい》の統制をおこなっている。財政が窮乏した大名は、大坂に輸送した蔵屋敷の年貢米を売り出す際に切手（証書）を発行するが、財政が悪化してくると蔵に現物の米がないにもかかわらず空米切手を発行した。実際には米が流通していないのに形だけ米の取引が増えるため、米価安の原因になっていた。幕府はこの空米切手の発行を禁止した。

さらに幕府は、大坂の豪商たちに御用金の拠出を命じ、その御用金を資金として米を買い、流通量を減らして米価を上げようとした。しかし、御用金令は大坂の金融状況を悪化させたために中止せざるを得なくなってしまった。

幕府は米価の引上げ策と同時に諸色引下げの政策もおこなっている。物価の統制には商品ごとに株仲間を利用した流通の統制をはかり、物価を安定させようとしたのである。統制を図った商品としては、菜種油、木綿、明礬《みようばん》、朝鮮人参、銅、真鍮《しんちゆう》、竜脳《りゆうのう》、俵物《たわらもの》（いりこ・ほしあわび・ふかひれ）などがあった。

このように株仲間を公認し、そのかわりに物価統制をはかろうとしたが、商人と役人と

の距離が縮まり、互いの癒着を招き、賄賂や汚職が増える原因ともなった。（『田沼意次』藤田覚）

意次の政策の中で、他に例のないものとして「南鐐二朱銀《なんりょうにしゅぎん》」という新しい通貨の鋳造がある。「南鐐」は、良質の銀の意味で、この新貨幣は質の良い銀貨ということになる。この新貨幣について触れる前に、江戸時代の通貨について説明したい。

江戸時代には、金貨、銀貨、銅貨の三貨があった。金貨は、一両小判、一分金、一朱金の三種があり、一両＝四分＝八朱であった。銀貨は、金貨のように一枚いくらという、計数貨幣ではなく、丁銀、豆板銀と称される、重さで価値が決まる秤量《しょうりょう》貨幣であった。銅貨は銭貨といわれ、何種類かあるが、計数貨幣である。この三貨の交換比率は時期によって多少変わるが、一六〇九年（慶長十四）に金一両＝銀五〇匁（一八七・五グラム）＝銭四貫（一貫一〇〇〇文）と公定された。一七〇〇年（元禄十三）には銀六〇匁と改められた。

三貨は両替屋で手数料を払って交換された。貨幣の使用目的によって貨幣は交換しなければならなかった。

当時の通貨にはもう一つ問題があった。それは、江戸を中心とする関東では金貨中心の決済で金遣い、大坂を中心とする関西では銀貨（銀）中心の決済で銀遣いという貨幣流通の慣行があり、江戸と大坂の間で商売をする際には、金貨と銀貨の両替が必要であった。

この問題を解決するために南鐐二朱銀という、八枚で金貨一両の価値を持つ計数貨幣が鋳造されたのである。この貨幣は、いちいち重さを計って金貨や銭貨と両替する必要がないため極めて便利であった。

一七七二年（安永元）に南鐐二朱銀が発行されたが、最初この貨幣は両替商をはじめ、江戸の商人には不評で、なかなか流通しなかった。天明期になってようやく便利な通貨として使われるようになってくる。

◇産業振興策

田沼時代においては、歳入増加のために経済政策に力を入れる一方で、殖産興業もさかんにおこなっている。

田沼時代には蘭学が発展する。蘭学は享保期に吉宗が漢訳洋書の輸入を緩和したことから始まるが、田沼時代になって蘭学が大きく開花する。西洋医学をはじめとするさまざまな学問、知識が入ってきたが、その中でも産業技術の知識は殖産興業を進める幕府にとってはとくに重要視された。

この頃、動物・植物・鉱物から有用な薬物を見出す、本草学という学問が発達する。この本草学とさまざまな西洋の舶来品をもとに発明をおこない、物産学者として有名になった平賀源内が登場してくる。新し物好きの意次は、源内を支援するパトロンであったともいわれている。二度の長崎行きを勧めて源内の見聞を大いに広めさせたといわれる。源内がエレキテルをつくり、多くの人たちに見せているが、意次の子の意知や意正など、田沼家の関係者が源内の家を訪れている。(『田沼意次』藤田覚)

源内は、活発な経済活動と比較的自由な文化活動がおこなわれた田沼時代を象徴する人物といえる。同じように、この時代に旺盛な出版活動をおこなった蔦重も田沼時代の寵児ともいえるだろう。

幕府が以前のように鉱山からの生産力を高めて収入を増やそうとの方針から、鉱山開発が奨励された。源内は、二度の長崎遊学で得たと思われる鉱山採掘や精錬の知識にくわしく「大山師」と自称し、全国の鉱山開発に積極的に関わっていった。しかし、結果的には大きな成果を上げたとはいえない。

意次は朝鮮人参の国産化を熱意を持っておこなった。朝鮮人参の国産化は吉宗の時代より始まる。朝鮮人参は万病に効くといわれた貴重な植物であるが、それだけに高価であった。おもに朝鮮と中国から輸入されていた。朝鮮人参の国産化が成功すれば、安価で大量の朝鮮人参が国内に広まり、多くの人々が助かる。意次は、田村藍水《らんすい》という町医師を登用してこの事業に取り組んだ。その他意次は、白砂糖の国産化にも努めている。

◇独自の新規政策

高校の教科書などでは、田沼時代とは「一七七二年（安永元）に側用人から老中となった田沼意次が十数年間にわたり実権を握った時代」といわれる。しかし、一七五八年（宝暦八）に美濃《みの》郡上《ぐじょう》一揆の問題をすぐれた手腕で処理したことで、幕政をリードし始めた時期からという考え方もある。

これまでは、意次が幕政を主導し老中に就任し、しだいにその権力を強めてきた時期の政策についてみてきた。ここでは老中就任後、さらに幕府全権を完全に掌握した一七八一年（天明元）から意次が失脚するまでの政治について述べてみたい。

意次が全権を掌握してから意欲的に取り組んだ事業に、印旛沼《いんばぬま》干拓工事がある。印旛沼は、下総北部（現千葉県）の利根川下流にあった、周囲七キロメートル、面積二〇平方キロメートルの巨大な沼である。この沼を干拓しようという計画は享保改革の時にもあったが、工事は資金不足で中断してしまった。

田沼時代になり、下総印旛沼郡を支配していた代官宮村孫左衛門高豊がふたたび印旛沼干拓を計画した。計画では、干拓工事が完成した場合には、三九〇〇町歩（約三九〇〇ヘクタール）の新田が生まれるという、一大プロジェクトであった。宮村は、大坂の商人・天王寺屋八郎と江戸浅草の長谷川新五郎に資金協力を依頼し承諾を得た。宮村は事業計画書を勘定奉行所に提出したところ、意次が強い関心を持ったようである。一七八二年（天明二）に勘定奉行所の役人が現地調査をおこない、干拓工事の実施が決定した。

二年後の一七八四年三月、工事開始の杭打ちと測量がおこなわれ、その翌年に工事が開始された。工事は順調に進んだが、一七八六年七月、激しい風雨の後、河川が氾濫し大洪水に見舞われた。翌八月、工事は中止となったのである。

田沼時代の巨大プロジェクトには、印旛沼干拓の他に、蝦夷地開発があった。最初に蝦夷地開発を思いついたのは、仙台藩医の工藤平助である。工藤は蝦夷地開発構想を『赤《あか》蝦夷《えぞ》風説考《ふうせつこう》』上下二巻にまとめて幕府に提出した。上巻には、ロシア貿易と蝦夷地開発について、下巻にはロシアの地理と歴史について書かれていた。工藤は意次とは面識がなかったため、まず、意次の重臣（井上寛司《かんじ》か三浦庄司）にこの本を預けた。本は、さらに重臣から意次に渡された。

意次は従来の政治家の枠にはまらない、グローバルで新しい政策を構想する人物であった。幕府財政の立て直しには蝦夷地で鉱山を開発し金銀銅を生産し、それをもとにロシアと交易し利益を得ようと考えた。意次はすぐに勘定奉行の松本秀持に検討させた。そうして、蝦夷地開発事業が開始されたのである。

蝦夷地は未開の土地ゆえ、開発するためには調査をする必要があった。一七八五年（天明五）二月、調査団が江戸を出発した。翌年二月、調査団は第一回の報告書を江戸に送ってきた。この報告をもとに幕府で検討した結果、蝦夷地の開発は鉱山開発から新田開発へと方針が転換された。蝦夷地は広大であり、一一六万六四〇〇町歩（約一一六万六四〇〇ヘクタール）の新田開発が可能であると判断された。

この計画は、結果的には意次の失脚により中止されたが、その後も蝦夷地の幕府直轄化などにより蝦夷地の開発構想は続いていく。

四　松平定信の白河藩主就任と政策集団の形成

◇白河藩政

松平定信が白河藩松平家の養子となり、初めて白河に入ったのは、一七七六年（安永五）三月、十九歳の時であった。将軍家治が日光東照宮に参詣することになり、定信は病で倒れた藩主定邦に代わって将軍の警護をするためであった。

定信は、この年五月に元服し、その後まもなく定邦の娘峯姫《みねひめ》と結婚している。しかし、この五年後峯姫は死去してしまう。定信は、正式に藩主となるまでの間、藩主としての心構えや資質を身につけるための自己修養に励んでいた。

一七八三年（天明三）十月、定邦が隠居すると、定信は二十六歳で跡を継いで白河藩主となった。この年は前年から続く大凶作により、深刻な飢饉の兆しがあった。後に「天明の飢饉」といわれる江戸時代最大の飢饉の始まりである。正月から米の価格が値上がりし始め、その後も米価はどんどん高騰し、十一月にはおよそ三倍になっている。

このような状況の中で定信は、藩主就任前から機敏な対応をとっていくのである。まず、八月に家中に対して穀留《こくどめ》を命じて、白河藩領内からの米の流出を禁じている。ところが、米屋たちが結託して米価を釣り上げたため、怒った町民が城下の富商を打ちこわすという行動に出ている。なんとかこれは、藩や町年寄の対応によっておさめることができた。

九月には会津藩に交渉して六〇〇〇俵の米を確保し、その後、尾張・美濃の蔵米二〇〇〇俵を大坂で買い入れている。また、江戸からは稗・干菜・あらめ・干魚などを大量に買い、白河に送っている。(『白河市史二　近世』)

越後の白河藩の分領からも一万石の米を白河に送っている。この際には、会津藩に対して、会津藩領を経由しての輸送の協力をとりつけている。藩当局だけでなく、白河藩領内の有力商人も米金調達に協力している。

このような官民の適切な対応のおかげで、数十万人の餓死者を出した天明の飢饉の中で、白河藩では一人の餓死者も出さなかったと伝えられている。定信の藩主としての資質および指導力がよくあらわれた例であろう。

定信は飢饉対策を講じながら、藩主就任早々から藩政改革に着手した。かつて徳川家康の家来で、伊賀忍者の棟梁として有名な服部半蔵正就の弟の末裔にあたる服部半蔵正札を組頭から月番（家老）に任命して藩政の中心に据えた。

翌年の七月、定信は藩主となって初めての白河入りをはたす。すぐに城の東の北小路に藩祖定綱を祀る霊廟を建てた。その他文武を奨励して武芸祭りというものを開催させた。これは、弓・馬・剣・槍・銃の腕を競わせるものである。祖父の八代将軍吉宗にならって、白河城内、江戸藩邸、分領の柏崎陣屋に目安箱を設置して、領民の声を聞く姿勢を見せている。会津町に白河藩で初めての藩校を創立し、人材の育成をはかっている。

養子の身であり、しかもまだ若く藩政の経験の浅い定信のさまざまな改革に対して、門閥譜代の反発もあった。望まれて松平家の養子となった定信は懸命に藩政に取り組んだが、痛みをともなう改革を家臣たちは望まなかった。定信は苦悩したが、田安家から連れてきた側近の水野《みずの》為長《ためなが》などの支えにより、少しずつ改革を進めていった。

◇溜詰昇進と政策集団の形成

一七八三年（天明三）十二月に定信は、特別に従四位下の官職に昇進している。この時には、当時の慣例にしたがい幕閣に付け届け、いわゆる賄賂的性格の金品を贈っている。

このことは、清廉潔白な定信の本意とするところではなかったため、以後定信は忸怩《じくじ》たる思いを抱き続けていく。ちなみに幕閣の中心は田沼意次であった。意次に強い働きかけをしないかぎりこのような昇進はかなわなかったのである。

一七八五年（天明五）、二十八歳の時に定信は、伊予大洲藩主加藤泰武の娘である隼姫と再婚し、家庭的安定を得る。

白河藩松平家では代々溜詰《たまりづめ》昇格を宿願としており、定信の義父定邦も同じ考えだった。そのため定邦は、定信が溜詰になることを強く望んでいた。定信はその期待に応えようと懸命に努力した。自ら意次の屋敷に日参するばかりでなく、家臣の用人水野に対しても意次の元へ行き、工作することを命じていた。もちろん意次に多額の金品を贈っている。

定信は、当時の賄賂横行の社会風潮を強く忌み嫌い、そのような風潮を生み出した元凶の意次を刺殺したいほど憎んでいた。定信にとって意次は「敵」であり、「盗賊同然」とまでいっている。定信は学識は抜群であったが、潔癖で激しい性格の持主であり、いったん許せないとなると徹底して憎しみを抱くのであった。

田沼時代の士風が乱れ、奢侈《しゃし》が流行し、人々が利によって動く「好利」の社会風潮をなんとしても是正しなければならないと危機感を感じていた。それには地位と権力を持たなければならないと考えたのだろう。そのために、己の信条に反する行いではあったが、必要悪と割り切り、意次への工作を続けたのである。工作が実り、定信は一七八五年十二月、一代限りの溜詰昇格をはたす。

この年の六月に定信が江戸に出ると、白河藩における天明の飢饉の対策やその他の改革政治の実績を聞いた大名たちが、定信の元に集まってきた。どの藩でも財政難、飢饉、一揆、家臣の統制などに苦しんでいた。そうした諸藩の大名たちが、定信の意見を求めて近づいてきたのである。（『松平定信』高澤憲治）

定信は学者・文化人としての一面もあったが、したたかで深慮遠謀の策を弄することのできる、いわゆる政治家でもあった。田沼の政治を改革するには自らの地位と政治力を高める必要を感じた定信は、反田沼派ともいうべき一派を形成しようとした。よくいえば、政治改革グループ、政策集団である。そうして、後に定信が老中の地位についた際に、この政策集団のメンバーを幕閣へと登用するのであった。

定信の元に集まってきた大名、および定信自らが交流を求めて親交を始めた大名は次の通りである。

すでに藩政改革で実績を上げていた、熊本藩主細川重賢《しげかた》、米沢藩主上杉治憲《はるのり》、さらには御三家の関係者などとも交際している。その他、泉藩主本多忠籌《ただかず》、三河吉田藩主松平信明《のぶあきら》、備中松山藩主板倉勝政、伊勢八田藩（養嗣子）加納久周《ひさのり》、美濃大垣藩主戸田氏教《うじのり》、豊前中津藩主奥平昌男、伊予今治藩主松平定休《さだやす》、などである。この中で、定信がもっとも尊敬していたのが、本多忠籌であった。定信は十九歳年上の忠籌を高く評価し、後に老中に引き上げている。

これらの諸大名たちは、頻繁に集まりを持って藩政や幕政について議論を交わしていたのであろう。そうして幕政への批判を強め、政権奪取の準備を着々と進めていたのである。

五　田沼意次の没落

◇田沼意知の死

意次は側用人と老中という、それまで誰も就いたことのない地位につき、絶大な権力を誇示した。さらに幕閣の老中だけでなく、若年寄、勘定奉行所など幕府の隅々に、さらには十一代将軍家斉《いえなり》を出した御三卿の一橋家にも縁者を入れ、その権力基盤を盤石とした。

意次はこの権力基盤を永続的なものにするために嫡男の意知を若年寄に据えた。若年寄はいずれ老中に上る地位である。意次は自分と同様に、やがて意知を老中と側用人を兼帯させるために奥勤めもやらせていた。親子で老中・若年寄も異例だったが、若年寄の意知の奥勤めも異例だった。

誰がみても意次の権勢は意知に引き継がれ、田沼時代はゆるぎなく続くものと思われた。しかし、歴史はそのようには進まなかった。

一七八四年（天明四）三月二十四日、意知は江戸城において、旗本佐野政言《まさこと》に斬りかかられて重傷を負った。この刃傷事件で江戸城内は大騒動となった。その場で応急の手当を受けた意知は、すぐに神田橋の意次の屋敷に運ばれた。傷は深く、意知は三日後の三月二十七日に死去した。死去の正式な発表は、四月二日であった。

一方の政言は、現場で取り押さえられて小伝馬町の揚屋《あがりや》（御家人などの未決囚の牢）に入れられた。取り調べの結果、刃傷事件は政言の乱心によるものとされた。そうして、四月三日、切腹を申し渡された。この事件は意外な展開を見せる。政言は老中田沼意次の嫡男である若年寄の意知を斬り、死に至らしめた大罪人の扱いではなく、世直し大明神として庶民から崇め奉られたのであった。政言が葬られた徳本寺には、政言の墓に詣でる群衆が殺到して寺は大混乱となるほどであった。

この事件を契機に、庶民の幕政に対する不満が一挙に爆発することとなった。それは幕政というよりは田沼政治に対する不満といってもよいだろう。江戸の庶民がこのような行動に出たのにはいくつかの理由があった。

一七八二年（天明二）は凶作、翌一七八三年には浅間山の大噴火が起こり、その影響でまた凶作となり、続く一七八四年も凶作となった。江戸に入る米が少なく、米価は大暴騰し、江戸の庶民の暮らしは困窮を極めた。ところが、政言が切腹した翌日から米価が下がり始めるという現象が起きた。この結果、政言は庶民を助ける神様ということになったようである。

嫡男意知の死は、すでに六十六歳の老齢になっていた意次に、はかりしれないほどの衝撃と落胆を与えた。己が長い時間をかけて築き上げてきた盤石の権勢を引き継がせようとした後継者が、突然死去してしまったのである。意次は失意のどん底に突き落とされたことであろう。しかし、意次は表面的には動揺を見せることなく、幕府の最高権力者として政務を遂行していく。その頃の幕政は重大な課題を抱えていた。一日たりとも幕政を停滞させることはできなかったのである。

　同年五月には前述のように、勘定奉行の松本秀持より蝦夷地開発の政策案が意次に提出された。翌年二月になると、意次は蝦夷地に調査隊を派遣する。

　意次の政治への意欲はまだまだ衰えてはいなかった。十二月には、大坂の豪商と大坂周辺の寺社・富裕者六〇〇〜七〇〇軒に御用金を課す命令を出した。これは、幕府が御用金を集めて財政の窮乏している大名を救済するために貸付ようとしたものである。さらに、印旛沼干拓工事が着工される。

　翌一七八六年二月になると、勘定奉行の松本より蝦夷地の新田開発案が提出される。続いて、六月には大坂に貸付会所を設置して、大名への貸付のために全国の百姓・町人・寺社に対して御用金令を出す。ここまでは意次の権勢もゆるぎないものに見えた。

　しかし、田沼政権の凋落が急速に始まる。同年七月に、大雨のために利根川が氾濫し、江戸が大洪水となった。翌八月、意次が意欲を持って取り組んできた全国御用金令の廃止、印旛沼干拓工事の中止が決定したのである。そうした時期に将軍家治が重い病にかかった。

　家治の病状はなかなか快方に向かわず、心配した意次は、それまで治療にあたらせていた奥医師の仙寿院に代えて、町医師の日向陶庵《ひゅうがとうあん》と若林敬順を奥医師に昇格させて家治の治療にあたらせた。ところが、かえって家治の病状は悪化してしまった。意次は責任を感じてか、病気を理由に八月二十二日より登城を控えざるを得なかった。そうしたところ、周囲から意次に対して老中辞職の圧力がかかったのである。やむなく意次は老中辞職を申し出た。同月二十七日、意次の名代として登城した奏者番西尾忠移《ただやす》と松平信志《のぶむね》に対して、老中水野忠友より、意次の老中辞職願いが認められ、御役御免を申し渡されたのである。

九月八日、家治の死去が発表された。しかし、実際には、家治は八月二十五日に死去している。

意次の失脚にはこの家治の死が大きく関係しているのは間違いない。なぜなら、意次の権力基盤は将軍家治の篤い信任の上に成立していたものであるからだ。その家治が重い病に伏した時期から、意次の権力基盤が大きく揺らぎ始めた。意次の推薦した二人の医師の調合した薬を服用したところ、家治の病状は急に悪化してしまった。このため、家治に毒薬が与えられたとの噂が立つほどであった。すぐに二人の医師は罷免され、ふたたび元の奥医師である大八木伝庵が家治の治療にあたった。二人の町医師を推薦した意次の責任が取りざたされた。

ついに意次は、老中辞職の申し出を勧告されたのである。そうして意次は、おそらく家治の死去を知らないまま、辞職願いを提出して御役御免となった。何やら権力闘争の陰謀が感じられるが、重要政策が行き詰まり、立ち往生という深刻な事態に、将軍の重篤と死去という重大事が重なるなか、政策上の失敗、医師の推薦の誤りに対する政治責任をとらされた、というのが真相だったのではないか。（『田沼意次』藤田覚）

◇親類縁者の離縁・義絶

人間とは薄情なものである。とくに権力者ほどそれが強いのか。意次が老中を御役御免となったとたんに、それまで田沼家との縁により出世したり利を得ていたものたちが、次々と手のひらを返したような行動に出たのである。

月番老中だったために意次に御役御免をいい渡した水野忠友であったが、意次の四男意正を養子にして、その縁もあって老中にまで出世した。その忠友が、意次の御役御免の直後の九月五日に意正を離縁した。意次失脚の累がわが身におよぶのを避けたかったのだろうが、呆れるばかりの行動である。

田沼家との関係を絶とうという動きは、皆が申し合わせたように次々と続く。同じ九月七日に、意知に娘を嫁がせている老中松平康福が、九月十二日には妹が意次の愛妾となっていた奥医師千賀道隆《せんがどうりゅう》が、それぞれ田沼家との義絶を届け出ている。
まさに飛ぶ鳥を落とす勢いであった意次の没落が始まる。

◇処罰

家治の葬儀が終わり一段落すると、依願退職した意次の政治責任を問う声が上がり始めた。意次主導でおこなわれてきた重要政策がことごとく失敗に終わり、幕政が停滞している。また、意次が推薦して奥医師に登用した二人の医師の治療がもとで家治の病状が悪化した。天明の飢饉、浅間山の大噴火、利根川の大洪水は自然災害であり、意次のせいではなかったが、幕政に対する不満は大きくなっていた。幕府として何か手を打たねばならなかったという事情もあったのではないか。意次もなんらかの責任を負うべきであったのだろう。

同年閏十月五日、意次は近年になって加増された二万石の没収、神田橋の上屋敷と大坂の蔵屋敷の返上、そして謹慎を命じられた。さらに、意次の重要政策を担ってきた勘定奉行の松本秀持も、勘定奉行の罷免と知行二五〇石の没収、小普請入りを命じられた。

六　松平定信の老中就任

◇老中首座へ

田沼意次失脚の後、松平定信を老中の座に就かせようとしたのは、一橋治済と御三家であった。御三家および御三卿は、幕政や幕府の人事に介入しないのが慣例であったが、当時の事情はそれまでとは異なっていた。下級旗本の意次が、将軍の権威を背景に側用人と老中の地位に就き、いわば成り上がり者が先例や格式を軽視して権力を恣にしていることは、徳川一族として許せなかったのだろう。

また、度重なり起こった自然災害の甚大な被害が人々を不安に陥れていた。その不安と不満が幕政に、そして幕政の中心にいた意次に向けられたのである。この政情不安をなんとかしなければならないという危機感が徳川一族を動かしたのではないか。

意次が処罰された後の十二月十五日、治済、尾張家の徳川宗睦《むねちか》、紀州家の徳川治貞《はるさだ》、水戸家の徳川治保《はるもり》らは、田沼政治の刷新を望み、その実行者として定信を老中に推薦したのである。

しかし、簡単には定信の老中就任は実現しなかった。意次は老中を解任されて処罰を受けたが、まだまだ健在であり、雁間詰として陰然たる力を保持していた。大老、老中をはじめとする幕閣も皆田沼派であった。大老井伊直幸《なおひで》、老中の水野忠友・松平康富《やすよし》・牧野貞長、御側御用取次の横田準松《のりとし》・本郷泰行《やすあき》らは、意次によって引き立てられた者ばかりであり、意次の老中解任後に義絶したとはいえ元親戚関係にあった。

一橋家２代当主徳川治済像　11代将軍徳川家斉の実父で、当時の幕政に大きな影響力を持っていた。
茨城県立歴史館蔵

さらに大奥の権力者である大崎《おおさき》、高岳《たかおか》、滝川《たきがわ》などの老女たちも定信の老中就任に強く反対した。定信は白河藩において祖父の吉宗の政策にならい、質素倹約を厳しく励行させていた。定信が老中になれば、贅沢《ぜいたく》しか楽しみのない大奥にも質素倹約を命じてくるに違いない。また、吉宗がおこなったように、無駄を省くためにと大奥の女性を大量に解雇されてはかなわない。彼女らはそのようなおそれを抱いたのだろう。大奥の権力者たちが、将軍になって間もない少年の家斉に働きかければその力は侮れない。

反田沼派と田沼派の権力闘争は半年間以上続く。

一七八七年（天明七）になっても飢饉は続き、米価が高騰し、全国で打ちこわしが起こっていた。五月二十日、江戸で大規模な打ちこわしが起こり、二十四日まで続いた。

この時期に政局が大きく動いた。この騒動の最中の二十四日に本郷泰行が、二十八日に横田準松が御側御用取次を罷免された。江戸市中の打ちこわしを隠し、家斉に報告しなかった責めを負わされたのである。

横田は、将軍と定信派との意思の疎通を遮断してきた中心人物といわれる。

田沼派の御側御用取次がそのままでは、将軍家斉には治済らの定信老中就任の意向が伝えられない可能性があった。また伝えられたとしても、家斉に対して田沼派に都合の良いようにされてしまうおそれがある。二人の御側御用取次が罷免されて、定信の老中就任の動きは一気に進んだ。就任まもない若い将軍家斉は、父治済の強い意向とあれば承認せざるを得まい。

翌六月十九日、ついに定信の老中就任が実現した。しかもただの老中ではなく、わずか三十歳でいきなり老中のトップである首座に任命されたのである。吉宗の孫で田安家出身の血筋とはいえ、この人事は異例の抜擢だった。

通常老中に就任するには、奏者番、寺社奉行、大坂城代、京都所司代、若年寄、あるいは西の丸老中などを順に歴任して平の老中となる。その後にやっと老中首座に就くのだが、定信は、いきなり無役の大名から一気に老中首座に上り詰めてしまった。おそらく定信の白河藩主としての実績の評価が高く、治済と御三家の強い後押しがあったからであろう。また背景には、家柄も身分も低かった意次が権勢を誇っていたことに対する、門閥、譜代勢力の不満、反発もあったことだろう。

定信の政権は民衆の打ちこわしのおかげで成立した政権といえるかもしれない。江戸時代を通じて、このように民衆蜂起の直接的影響により政権が交代したのは、後にも先にもこの天明のとき以外にない。(『寛政改革の研究』竹内誠)

第四章　寛政の改革と蔦屋重三郎

一　松平定信の寛政の改革

◇政権の確立

　定信の政治改革の覚悟は相当なものであった。定信は老中就任の翌年、一七八八年（天明八）正月二日、江戸の霊巌島吉祥院《れいがんじまきっしょういん》に決意の願文を捧げた。それには、定信の民の暮らしを守る政治理念と、その目的達成のためには己の命はもちろん、妻子の命をも懸ける覚悟が示されている。

　定信は、政権トップの老中首座となったからといって、すぐに思い通りの政治ができたわけではなかった。大老、老中、若年寄、勘定奉行など、幕閣のほとんどが田沼派だったからである。意次が失脚しても他の田沼派の多くが残っていたのである。

　定信の政権基盤は弱かったといわざるを得ない。

　定信は慎重に幕政を進めた。重要政策は、他の老中と評議し、その上で御三家に伺いを立ててから決定するというやり方をとった。その後、同年三月四日、定信は将軍補佐役に

南湖神社　1922年(大正11)、渋沢栄一などの尽力によって創建された松平定信を祀る神社。

任命されると、家斉《いえなり》をコントロールしながら少しずつ意のままの政治ができるようになっていく。

一七八七年九月十一日、大老の井伊直《なお》幸《ひで》が病気を理由に退任し、一七八八年三月二十八日に水野忠友、四月三日に松平康福《やすよし》がそれぞれ老中を罷免された。その直後の四月四日に松平信明《のぶあきら》、翌一七八九年（寛政元）四月十一日に松平乗完《のりさだ》、翌一七九〇年に本多忠籌《ただかず》、同年十一月十六日に戸田氏教《うじのり》をそれぞれ老中に任命している。その他、一七八七年六月に平岡頼《より》長《なか》と加納久周《ひさのり》を側衆に任命している。

徐々に田沼派を排斥してそのかわりに定信派を幕閣に入れ、政権の基盤を固めていった。新政権のメンバーは皆、定信の周りに集まってきていた政策集団の者たちであった。

この中でも定信が特に信頼して何事も相談したのは、本多忠籌であった。定信は、忠籌を尊敬し、「名誉の人、勇偉《ゆうい》高邁《こうまい》にして真に英雄」、「信実深く義あってよく物に感ず」と、最大級の賛辞を送っている。次に定信が信頼したのは信明であり、定信と忠籌が決めたことを信明が忠実に遂行していった。（『寛政改革の研究』竹内誠）

◇寛政の改革の性格

定信の寛政の改革の中核にあるものは、危機意識というものであった。当時、幕政の根幹でもある農村は疲弊し、農民は流民となって江戸に入り、下層貧民となっていた。その者たちが年々増加し、反体制的な存在となっていく。そうして、一七八七年（天明七）の打ちこわしとなって現れたのである。その打ちこわしの直後、定信の老中就任が決定し、寛政の改革が始まるのである。定信の政権は、いわば打ちこわしによって生み出された政権でもあった。

定信はこの打ちこわしを目の当たりにして、江戸の治安だけでなく、幕藩体制そのもののの危機を強く感じたに違いない。そのため、定信の政治改革はこの危機感から始まるといっても過言ではない。江戸の打ちこわしの主体となった、元農民を江戸から農村に帰し、荒れた耕作地を耕させ農村を復興させる。そうすれば、安定して年貢収入が得られ、打ちこわしもなくなる。さらに定信は、公金の貸付をおこない、飢饉に備えて米穀を貯えさせるための社倉・義倉をつくらせた。江戸・大坂の城詰米をはじめ、諸大名にも徹底した囲米令を出した。

田沼時代には幕府が商人を重用したために役人と商人の癒着が起こり、賄賂が横行するようになった。世の中全体に奢侈《しゃし》の風潮に染まっている。ただでさえ商人が力をつけて経済的に困窮した武士に金を貸し付けるようになると、商人が傲慢となり武士が没落し卑屈になっている。このために士風が乱れてしまっている。

定信は、幕府の財政を立て直し、役人の綱紀を粛正し、さらに社会風潮を引き締めて安定した世の中を現出させようとしたのである。

◇経済政策

江戸時代の政治のしくみは幕藩体制といわれ、武士階級の機構である幕府と諸藩が農・工・商・賤民を支配する政治体制である。経済的には、幕府も諸藩も農民から税として年貢米を徴収し、その収入をもとに運営された。一人一人の武士も年貢米を支給され、暮らしを成り立たせていた。つまり、江戸時代の経済の基本は米であった。

米を生産して年貢米として納める農民は、もともとは自給自足を原則とし、質素な暮らしをしていた。最初は、武士も町人も同様だった。しかし、時代が進むにつれて貨幣経済の発展にしたがい、都市にはさまざまな商品が出まわり、人々の暮らしはしだいに贅沢《ぜいたく》になっていく。貨幣経済は農村にも浸透し、農村では農民の階層分化が起こり、農民の暮らしにも変化がもたらされていった。前述のように没落した農民は、都市に流れてさまざまな問題を引き起こした。

寛政の改革は、以上のような幕藩制社会の構造的な危機克服をめざすものとして要請された。本百姓体制の再建、都市秩序の維持、流通市場の統制といった課題への対処を通して、階級闘争の鎮静と幕府財政の再建が期待されたのである。（『寛政改革の研究』竹内誠）

田沼意次は商人資本を積極的に活用する経済中心の政策をとり、いわば重商主義といわれたのに対し、定信の政策は祖父吉宗の農業中心の政策にならったことから、重農主義といわれることがあるが、それは本当だろうか。また、政権交代をしたことにより、定信は田沼時代の多くの政策と同様に、経済政策をもことごとく否定したようにいわれるが、はたしてそれは正しいのか、についてみていきたい。

定信は、経済の発展により武士と商人の力関係が逆転してしまっていることを改革しようとした。「金穀《きんこく》の柄《へい》」、つまり金銭と米穀を支配する力を商人から幕府に取り戻そうとしたのである。経済が商人主導で動かされており、それが幕府や諸藩の財政窮乏の原因となって武士の困窮につながり、士風の退廃を招いている。これを改善しなければならないと考えたのである。

しかし現実は、幕府の主導で米穀相場や金銀銭三貨の相場をコントロールして商業資本を支配するには、経済の専門的な知識や莫大な資金が必要であった。そのために幕府は、商業資本の手を借りなければならないという矛盾に陥ることになってしまう。

田沼時代の役人と商人との癒着という問題が起こる可能性が、またしても出てきたのである。これは何としても避けたいと考えた定信は、手を結ぶ商業資本を札差《ふだざし》ではなく、新興の豪商としたのであった。なぜ莫大な資本を持つ札差とは手を結ばなかったのか。それは、定信がもっとも取り締まらなければならないと考えていた対象が、札差だったからである。後述するが、札差への圧力は棄捐令《きえんれい》となって断行される。

では札差とはどのような存在で、なぜ定信から嫌われたのか。もともと札差は、徳川家の家来である旗本・御家人が支給される蔵米を管理する商人であった。札差は、蔵米を受け取りそれを売却して、手数料を差し引いて旗本・御家人にお金を渡すのが仕事であった。やがて、札差は蔵米を担保にして高利貸業を営み富を得て、莫大な資本を蓄積する豪商に成長していく。

武士階級全般にいえることではあったが、とくに旗本・御家人は年々経済的に困窮し、札差から高利の借金をして、さらに困窮するという悪循環に陥っていたのである。数年先の蔵米まで借金の抵当に入っている旗本・御家人もいた。これではいくら身分が上でも旗本・御家人は札差に頭が上がらないのは当然であった。そのために、旗本・御家人が退廃し、士風が乱れたと定信は感じていたのである。

札差は株仲間を結成し、強大な勢力を持つようになる。借金をしなければ生活ができないという、経済的に立場が弱く金融のしくみに疎い旗本・御家人に対して、札差は高利な貸付や不正な利殖をおこなった。定信は、旗本・御家人の窮乏は札差が原因であるとし、ついに棄捐令を出した。旗本・御家人の貸付債権の大部分が廃棄させられ、残った債権も長期返済となった。その後の新規の貸付利息は低利にされた。これにより、旗本・御家人の多くは助かり、一方の札差は大打撃を受けた。

定信が札差に対して棄捐令を出したのは、旗本・御家人を救済するためだけではなかった。莫大な富を背景にした札差たちの贅沢な暮らしぶりと、豪奢を誇示するような振る舞いが目に余っていたのである。人々の暮らしが困窮するのは、贅沢が原因と考えた定信は、贅沢を禁止し、質素倹約を強く奨励している。それにもかかわらず、札差たちは定信の方針に反する行動をしていたのである。

贅沢な浪費ぶりを誇示する十八大通と称される富裕な町人たちがいた。その多くが札差たちであった。髪を当時流行の本多髷《ほんだまげ》に結い、大黒紋の小袖に鮫鞘の脇差を差し、歌舞伎役者の所作をまね、気取って大通りを練り歩いた。それは、ひとつの流行として蔵前風といわれる風俗を生み出した。彼らは吉原で豪勢に遊び、時には世間の評判となるような喧嘩や奇矯な振る舞いをおこなった。十八大通は人々の憧れでもあり、また、飢饉で餓死する者が出たり打ちこわしが起こる時勢では、庶民の反感を買うことも多かった。それゆえに、定信は棄捐令という形で、札差たちに厳しい処置をとったのである。

一方で、十八大通は、歌舞伎や役者たちの経済的援助者となっていた。また、歌舞伎だけでなく、河東節・一中節・能・らっぱ・琴・茶番劇・俳諧などの芸事を楽しみ、発展させるという文化的な貢献をしていた。十八大通の名前の通り、「通」と呼ばれる美的理念を自ら体現し、広めるという役割もはたしていた。

では、幕府が手を結んだ札差以外の商人たちはどのような者たちだったのか。彼らはおもに大名貸などで、江戸時代後期に成長してきた新興の商人たちであった。一七八八年（天明八）十月、勘定奉行より三谷三九郎他六人の商人たちに、「勘定所御用達」の命が下った。この翌年、三名が追加で任命され、全部で十名となったのである。

勘定所御用達の商人たちは、両替商、酒屋、油屋などで、米穀商は一人もいなかった。米穀商は札差となっていたり、飢饉の際に米を買い占めて米価を釣り上げたりしていたからであろう。

幕府は、この勘定所御用達に江戸の金融統制および米価調節をおこなわせようとしたのである。

まず幕府は、棄捐令によって一一八万両もの債権を放棄させられ、大打撃を受けた札差たちの支援を勘定所御用達に命じた。幕府は「猿屋町会所」を設置して、再び旗本・御家人たちに対する貸金業をおこなう札差が、資金不足となった場合に金子を貸し与えるしくみをつくったのである。

幕府は猿屋町会所に二万両の下げ金を与え、勘定所御用達の商人に運用させた。つまり、猿屋町会所からの金が札差に渡り、札差から旗本・御家人に流れるというしくみである。

この際の貸付利子は一割二分という、それまでよりは低利な公定利子を定めている。これによって、勘定所御用達の商人は手数料の利得を得、札差も不満はあったが世話料が入り、旗本・御家人は低利で金を借りられた。幕府は、札差の自由な貸付業を統制することができるようになったのである。

田沼時代の特徴的かつ画期的な政策に、「南鐐二朱銀《なんりようにしゆぎん》」の鋳造があった。寛政の改革の中では、定信はこの貨幣を廃止しないで、むしろ積極的に流通させようとしたのである。南鐐二朱銀が天明期に大量に鋳造されたこともあって、銀相場が下がってしまった。そこで幕府は、いったん南鐐二朱銀の鋳造を停止し、正銀（丁銀）の流通量を増やしている。

幕府は継続して南鐐二朱銀を流通させるために、江戸を中心とした関東だけでなく、大坂・京都の上方から、さらに中国地方などの西国筋の農村部にまで広く流通させようとしたのである。

◇農業政策（農村政策）

幕府は、農村を立て直すためには、農村の人口増加が必要と考えて「出稼《でかせぎ》奉公制限令」を出して農民の農村定着化をはかった。それは、農民の農業離脱と離村農民の江戸流入が顕著になっていたからである。地方では、一七八〇年（安永九）から一七八六年（天明六）の六年間に、一四〇万人の人口減少が見られたといわれる。しかし、実際にはこれだけの人口が死亡により減少したのではなく、江戸に出た農民が多数いたのである。とくに、陸奥・下野・常陸の人口減少が著しかった。

一方で幕府は、江戸に出てきた農民に対して旧里帰農奨励令を出して、農民を農村に帰そうとした。旧里帰農奨励令は、一七九〇年（寛政二）、一七九一年、一七九三年の三回出されたが、ほとんど効果はなかった。では、なぜ帰農の資金まで与えるというのに帰村する者がいなかったのか。それは、江戸に出てきた農民にとって江戸の方が旧里の農村よりも暮らしやすかったからである。

農村では、朝から晩まで一年中、野良仕事に従事しなければならず、しかも厳しい年貢の取り立てがある。その他にさまざまな掟やしがらみもあった。一方江戸の町人は、年貢を納める義務もなく、その日暮らしで不安定ではあったが、何よりも自由な暮らしができた。

地方から東京に人口が集中し、いったん東京に出た人間がなかなか帰郷しようとしない現代の状況と似ている。人間の根本原理は、江戸時代も現代も同じように思える。

幕府の旧里帰農奨励令は、農村復興のためばかりではなく、江戸の治安対策のためでもあった。江戸に流れてきた農民が、暮らしに困窮して無宿人となったり、犯罪を犯したり、打ちこわしの主体となることを恐れたのである。

人口過剰の江戸において、武家・町家の奉公人が不足していた。そのために、奉公人の給金が年二両から四両に倍増していた。それでも雇用奉公人になる者は不足していた。なぜ労働者（労働力）は豊富にいたにもかかわらず、奉公人が不足したのか。

それは、町人達が縛られることを嫌い、寝食が保証され安定した職場よりも、棒手振《ぼてふり》（商品を路上で売る行商人）や日雇いなどの自由気ままな仕事と暮らしを好んだからであった。いつの時代も人は何よりも自由を好むということである。

◇社会政策（都市政策）

一七八七年（天明七）五月に起こった、江戸の大規模な打ちこわしの直後に老中首座に就任した定信は、なによりも打ちこわしを恐れていた。定信の住んでいた白河藩邸の近くも打ちこわしの襲撃にあっており、定信に与えた衝撃は後々までトラウマのようになっていたと思われる。

定信は、打ちこわしをなくさなければ徳川幕府の存続も危ういと考え、そのために江戸の民衆の打ちこわしを防ぎ、政治の安定をはかることを大きな政治目標とした。

打ちこわしは、米不足・米価の高騰によって起こったので、定信は米価の安定、ひいては物価の引下げに力を入れたのである。政治家定信は学者でもあり、一七八九年（寛政元）に『物価論』という本を著し、物価高騰の原因を次のように述べている。

「物価の高くなるべき道理様々ある中に、帰する所ハ金銀銭の位をうしなひたると、つくるもの多からずとつひやすもの多きと、人気の馴ぬとの三つなり、其の三つをおしたづぬれば、奢侈の一つに帰す」。

つまり、定信は、金銀銭三貨相場の不均衡、生産人口の減少・消費人口の増大、物価騰貴に馴《な》れた経済心理の三点に、物価高の要因が存することを指摘、さらに帰するところは「奢侈」、つまり商品経済の発展により生じた封建倫理の動揺に、その根本原因があることを強調している。（『寛政改革の研究』竹内誠）

定信は、田沼時代の商業資本に大きく依存する経済政策の弊害を認めつつも、運上《うんじょう》冥加《みょうが》金や株仲間の存在を否定せず、大本では田沼時代の経済政策を継続している。一七九〇年、幕府は全国的な物価引下げ令を出したが、これは失敗に終わってしまう。この時期には、もはや旧来の株仲間を統制すれば物価を引き下げることができる状況ではなくなっていたのである。天明期から寛政期にかけては、経済活動が大きく発展し、江戸・大坂の都市部における株仲間以外の商人や都市部以外の在方商人の成長が著しかった。株仲間以外の商人達が幕府の物価引下げ令に抵抗したのである。

そこで幕府は、株仲間を中心とした物価引下策をあきらめ、翌年、七分《しちぶ》積金令《つみきんれい》を発する。人口一〇〇万人の世界一の大都市の江戸は、俗に「大江戸八百八町」といわれていたが、実際には倍のおよそ千六百町あった。各町にはそれぞれ町名主がおり、自治組織が整備されていた。この自治組織の運営費が「町入用《まちいりよう》」というものであった。

町入用は、町人の中でも本町人《ほんちょうにん》と呼ばれる地主・家持町人が負担し、長屋に住む店借《たながり》人《にん》は負担しなくてよかった。町入用は、現代の町内会費とは性格が異なり、国役や公役という、町人に課せられる税的なものが含まれていた。おもに町内の祭礼費用、防火費用、自身番・木戸番屋の維持費、町役人の経費、上水道普請費、下水浚《さら》い費、芥《あくた》取捨賃などに使われた。

物価引下げに失敗した幕府は、地代と店賃《たなちん》（家賃）の引下げを地主に命じ、そのかわり町入用の負担を軽減した。具体的には、節減された町入用の七分（七〇パーセント）を積立てさせ、残りの内二〇パーセントは地主の取り分、一〇パーセントは町入用の予備費とした。

一七九二年（寛政四）十一月、向柳原馬場跡地に町会所が新設され、積金の運用が始められた。町会所は老中の支配下に置かれ、両町奉行（北町・南町）と勘定奉行が監督した。実際の運営は、両替商などの有力商人から選ばれた十人の勘定所御用達がおこなった。町会所は、大坂と京都にも置かれた。町会所の役目は、囲籾《かこいもみ》、窮民救済、貸付業務であった。

囲籾は江戸の町民のための飢饉対策である。米不足・米価高騰が打ちこわしの原因だったため、これは重要な危機管理政策であった。江戸の町方（町民）五〇万人のひと月分の食料備蓄が目標とされた。これには白米が六万七五〇〇石必要であった。白米は長期保存が難しいので、実際には籾と玄米で備蓄された。そのために、向柳原に十二棟、深川新大橋向に十一棟、合わせて二十三棟の米蔵が建設された。

囲籾の量は寛政期から文化五年（一八〇八）頃まで徐々に増えていった。天保末期から急増し、弘化二年（一八四五）には三〇万七〇〇〇石にまで達する。この間、江戸時代の三代飢饉のひとつといわれる天保の飢饉があったが、この囲籾の備蓄のおかげで、江戸ではほとんど打ちこわしが発生しなかった。定信の没後ではあったが、定信の大きな政治目標であった打ちこわし防止をはたすことができたのである。

窮民救済は平時の業務と非常時の業務とがあった。平時の窮民救済は「定式救済」と称され、独り者の困窮者、長病の困窮者とその家族、捨て子、寡婦、身体障がい者などが救済の対象で、米と銭が与えられた。

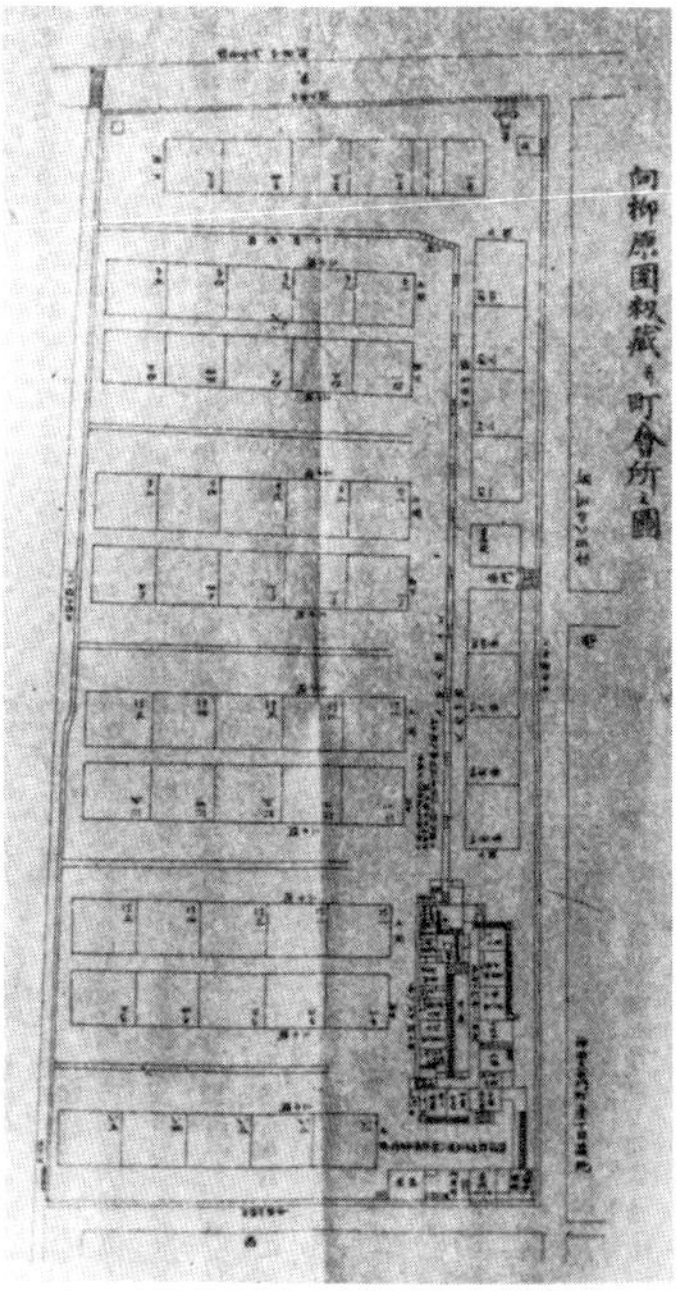

向柳原囲籾蔵並町会所之図　（『養育院百年史』より）㈱現代書館提供

非常時の救済は、「一部臨時救済」と称し、飢饉、疫病、大火、地震、風水害などの非常時における救済対象が、都市部の下層民（被災困窮者）にとどまり、全体の被災者を対象としないものである。（『近世巨大都市の社会構造』吉田伸之）

また、備蓄された囲籾は飢饉の備えとするとともに、米価の調節にも使用された。幕府は勘定所御用達の商人に命じて、米相場を見ながら米穀の売買をおこなわせて米価の調整をさせたのである。米不足の時には米価が上がるため、その際には備蓄米を市場に安く売り出して米価の高騰を防ぎ、逆に米が豊富な時には米を買い入れて米価の下落を抑えた。なぜなら米価が安過ぎると、支給された米を売って収入としている武士の暮らしが苦しくなるからである。米価はある一定の価格で安定させておく必要があった。

町会所は、幕府から下げ渡し金一万両と町民から毎年二、三万両ずつ徴収される積金で運営された。貸付については、幕府の下げ渡し金の公金貸付と積金貸付に分けられた。

公金の貸付は御用達商人が分割してそれぞれが保管し、自宅で貸付業務をおこなった。積金貸付は、内容に応じて、沽券《こけん》貸付・拝領地貸付・寺社門前地貸付・名主役料引当貸付・その他の五種類があった。積金貸付は、貸付の利益によって町会所の必要経費をまかなうことが目的で、積金自体を減らさないことが条件であった。

年々貸付件数が増加し、文政期（一八一八〜一八三〇）には貸付口数が七〇〇〇〇口、弘化期（一八四四〜一八四八）には貸付高が三〇万両を超え、貸付事務量は膨大なものとなった。町会所は、江戸時代を通じて最大の金融機関となったのである。

七分積金は寛政期からおよそ八十年後の明治政府成立時まで続いた。まさに持続可能な政策の先駆けといってもよいだろう。

一八六八年（慶応四）四月十一日、江戸が無血開城し新政府軍の管理下に置かれた。同年五月十五日の上野戦争後、江戸幕府の行政事務は新政府の鎮台府に引き継がれ、町会所は市政裁判所の管理下に入った。翌六月、鎮台府の命令によっていったん七分積金は中止となった。

しかし、東京府が財政難となったために積金再開の願いを明治政府に提出し、これが認められて翌年一月より積金が再開された。しかし、積金を拠出する地主の負担が大きいということで、積金は再度、一八七〇年（明治三）に中止された。その後、一八七二年五月二十九日に町会所は廃止となり、当時の大蔵大輔井上馨の案で新設された営繕会議所で町会所の財産を管理することとなった。

江戸から明治までのおよそ八十年の間に町会所の財産は膨大なものとなっていた。町会所の全財産は次の通りである。

町会所積金穀並地所等在高

一、金六十一万八千百九十六両二分三朱
一、洋銀三千三百八十三ドル十セント
一、銭六百三十三貫六百五十二文
(中略)
一、籾三万九千五百六十一石三斗一升二合
一、玄米五百七十二石五斗九升九合六勺
一、町会所地所千七百五箇所
(中略)
一、深川大橋向地所土蔵五棟二十戸前
一、外神田美倉橋脇同上土蔵十棟四十戸前
外ニ　書物蔵　一戸前　役所　一箇所
一、小菅納屋　三十二棟百九十二戸前

内　九棟六十戸前　吹潰並建築掛へ可相渡分

壬申八月

（『都市紀要七分積金』東京都）

以上の通り、町会所の財産は、現金（貨幣）、米（籾・玄米）、土地、建物（土蔵・書物蔵・役所・納屋）などの多種にわたる。これらをすべてお金に換算すると、およそ一七〇万両になるといわれる。一両＝一〇万円とすると、約一七〇〇億円である。

この莫大な財産の管理・運用を任されたのが渋沢栄一であった。渋沢は、武蔵国榛沢《はんざわ》郡血洗島《ちあらいじま》村（現埼玉県深谷市）の農家に生まれた。その後、徳川慶喜が当主であった一橋家に仕えた。一時渡仏した後に帰国すると、明治政府の要請により大蔵省に出仕した。大蔵省を退職した渋沢は、一八七二年（明治五）に営繕会議所から改称された「会議所」の会頭に選ばれたのである。

やがて、一八七五年に会議所は「東京会議所」となり、本格的に東京の営繕事業が開始された。おもな事業は、道路・橋梁などの建設、水道、瓦斯《がす》などのインフラ整備、さらに墓地整備、東京府市庁舎の建設、商法講習所（現一橋大学）の設立など多岐にわたるものであった。

戊辰戦争後の混乱期に、荒廃した東京の再建のために定信が創設した七分積金の莫大な財産が役立てられたのである。このようなことから、定信は東京の恩人とされた。定信を崇敬していた渋沢は、楽翁公（定信）の百回忌にあたる一九二九年（昭和四）に「楽翁公遺徳顕彰会」を設立し自ら会長となった。その後、遺徳顕彰会と東京市が共催で定信の慰霊祭をとりおこなうようになった。

戦後の一九四七年（昭和二十二）、東京都慰霊協会が設立されると、遺徳顕彰会の事業は慰霊協会に引き継がれ、定信の慰霊祭は現在も続けられている。

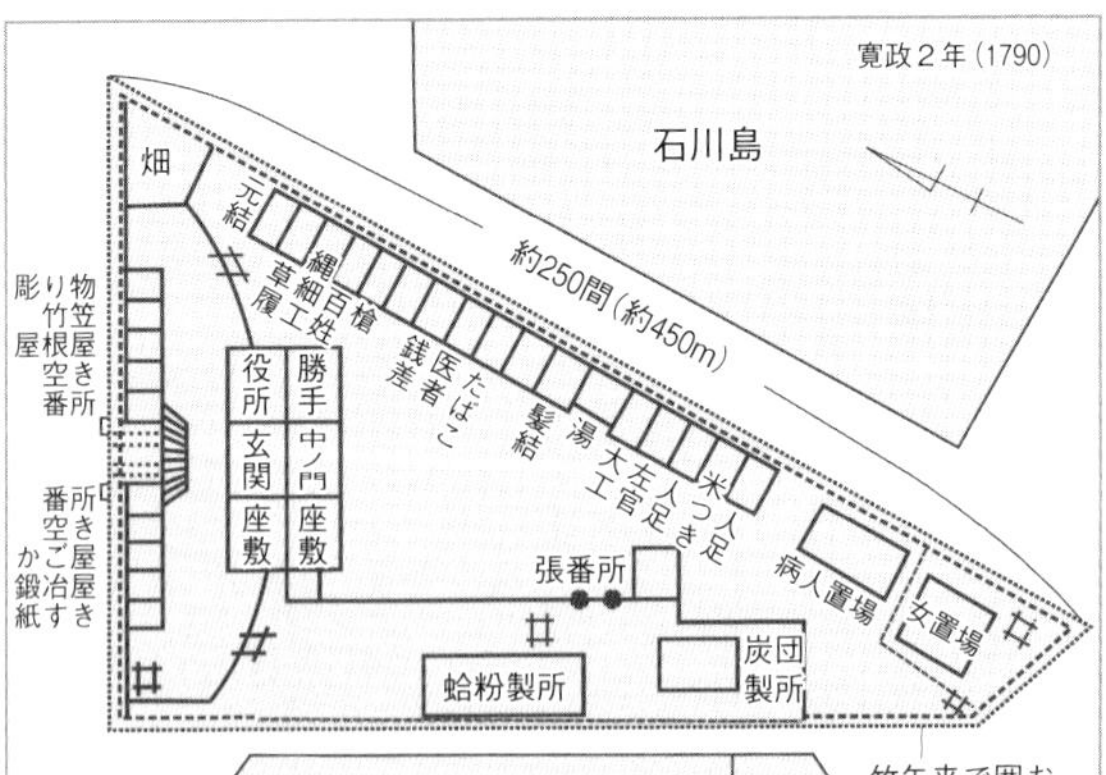

人足寄場　㈱現代書館提供

定信は、七分積金の他に、都市の治安政策として人足寄場《にんそくよせば》の設置という事業もおこなっている。これは、人別改めを強化するとともに、無宿人を強制的に石川島に設けた人足寄場に収用し、手に職をつけさせようとしたのである。無宿人が犯罪を犯すことを未然に防ぎ、更生させて正業に就かせようというものであった。このような矯正施設は、当時としては画期的なものといえる。

また、間引き防止対策や赤子養育料の支給などの福祉的政策もおこなっている。

◇なぜ松平定信は学問・思想統制をおこなったのか

定信が老中首座としておこなった寛政の改革の中で、不人気な政策もいくつかあった。その中に、学問の統制と出版の統制がある。蔦重は、後述のようにこの幕府の出版統制によって処罰を受けることになる。

天明末年から寛政初年の頃には、田沼政治から定信政権の移行期であったことから、政治を題材にした黄表紙《きびょうし》が多数刊行された。黄表紙といえども、リアルにその時代の政治と実在の人物をそのまま描くことはできないため、時代を平安時代や鎌倉時代に設定したり人物名を変えたりして、風刺《ふうし》的にする必要があった。

政治的には、前述のように定信が老中首座となっても依然として田沼派が幕閣に留まっている間は、定信の思い通りの改革政治をおこなうことはできなかった。そのために、一七八八年（天明八）に刊行された黄表紙、朋誠堂喜三二《ほうせいどうきさんじ》の『文武二道万石通《ぶんぶにどうまんごくどおし》』、恋川春《こいかわはる》町《まち》の『悦贔屓蝦夷押領《よろこんぶひいきのえぞおし》』、山東京伝《さんとうきょうでん》の『仁田四郎富士之人穴見物』などは処罰されなかった。田沼政治を風刺するような内容の黄表紙は、見方によっては定信政権に有利となることから、黙認されていたのであろう。（『寛政改革の研究』竹内誠）

ところが、一七八八年三月四日に定信が将軍補佐役に任命されると、変化が生まれる。定信は田沼派の老中たちを罷免して、定信派の者たちを次々と老中その他の重職につけて、本格的に改革政治を進めていく。そうして、翌一七八九年（寛政元）になると、それまで黙認していた黄表紙の取り締まりをおこなうのであった。一七九〇年五月には、出版統制令が出されて取り締まりはいっそう厳しくなっていく。

打ちこわしによって誕生した定信政権は、何よりも治安の乱れを恐れ、社会秩序の安定を求めた。そのために、文学作品による風刺でも婉曲的幕政批判と見なし、取り締まりの対象としたのである。

定信は、出版の統制とともに学問の統制もおこなっている。同年五月二十四日、大学の頭《かみ》林信敬《のぶたか》に対して「異学の禁」を発し、湯島聖堂の学問所においては「正学」の朱子学以外の「異学」を禁じた。これは、旗本や御家人の風俗が乱れたのは、近年さまざまな学問、異学が流行したためだと、定信は考えたのである。この法令は、あくまでも湯島聖堂の学問所に対してのみ出されたものであったが、結局は諸藩の藩校などもこれに倣うようになっていく。これは、自由な学問の発達を阻害したものとして、当時および後世の学者たちからも批判された。

二　田沼意次の失脚と賄賂政治

◇処罰と死

一七八七年（天明七）一月、田沼意次は江戸城の年賀に出席するために登城している。意次は前年に老中を罷免され二万石を没収されたが、十二月には謹慎も解かれ、年があらたまると、一大名として相良藩の運営にあたる意欲をみせていた。

しかし、同年六月に松平定信が老中に就任すると無事ではすまなかった。十月二日、幕府より意次にあらたな処罰が下された。江戸城黒書院において、意次の甥の意致《おきむね》と大目付の松浦信桯《のぶきよ》に対して二万七〇〇〇石の没収と意次の隠居、謹慎が申し渡された。処罰の理由は、意次の在職中の不正が、家治《いえはる》の後に将軍となった家斉の知るところとなったため、将軍よりあらためて処罰の指示があったというものである。

意次の嫡男意知《おきとも》は死去しているので、所領を没収され一万石となった田沼家の家督は意知の子の意明（龍助）が継いだ。遠州相良城も没収され、陸奥国信夫郡下村（現福島市）と越後頸城《くびき》郡内に所領が与えられた。処罰はこれだけにとどまらず、相良城の破却が命じられ、翌年の一月から二月にかけて城は跡形もなく取り壊された。大名の処罰として、大名自身の切腹や大名家の断絶・取り潰しは多数あったが、城の破却はほとんどない。これは異例の処罰であった。

では、なぜ定信政権はこのような厳しい処罰をおこなったのか。それは、定信の意次に対する個人的思いもあったであろうが、やはり田沼時代の金権的な政治と定信の清廉潔白な政治との違いを明確に示そうとしたのではないか。

人々が衝撃を受けるほどの処罰を下すことによって、定信の改革政治をおこないやすくしたのであろうと思われる。

かろうじて改易をまぬがれた田沼家はお家の立て直しをしなければならなかった。嫡男を失っていた意次は、自らが先頭に立って、家臣の削減と新たな藩の組織改編をおこなわなければならなかった。この時意次は、藩の家老二名と用人三名を家臣による選挙で決めたのである。いかにも意次らしいやり方である。抱えることができず、やむなく解雇した家来たちにも意次は手厚い気遣いをしている。

こうして新たな藩の形を整えた意次は、一七八八年（天明八）七月二十四日、死去した。波乱ともいえる七十年の生涯であった。三〇〇石の旗本からスタートして、およそ二〇〇倍の五万七〇〇〇石の大名となり、側用人と老中の地位を兼ねる、かつて例のない権勢を誇った。合戦により大きな手柄を立てるチャンスのあった戦国の世ならいざ知らず、江戸幕府が開かれてからおよそ一五〇年、合戦のない太平の世においてこれほどの大出世を遂げた人物は他にはいない。百姓・足軽身分から太閤にまで上り詰めた豊臣秀吉ほどスケールは大きくないが、多少似ているのではないか。

家重の小姓となって以来、堅実に職務をこなし、着々と実績を上げて頂点にまで上り詰めたが、凋落のスピードは驚くほど速かった。では、いったいなぜ盤石と思えた田沼政権がこれほど脆くも崩れ落ちてしまったのか。

　理由はいくつかあるが、やはり家柄ではないだろうか。将軍の篤い信任があり、けして傲慢な態度を見せることなく周囲にも気遣い、しかも政治的に実力を備え確かな実績も残した結果、正当な評価を得て出世した。しかし、人間には妬みというものがあり、また、格式・家柄を重んじる江戸の社会においては、意次はやはり周囲から「成り上がり者」と見られていたのだ。とくに御三家から意次は良く思われていなかった。最後は、御三家を中心とした、いわば旧勢力によって政権の座から引きずり降ろされたのである。

　政策が順調の時は誰も不満に思わなかったが、天明の飢饉、浅間山の大噴火、利根川の

勝林寺　田沼意次の墓のある寺（東京都豊島区染井）。意次は寺の中興開基とされている。

大洪水などの災害が続くと、それまで溜まっていた政治への不満が一挙に噴き出した。意知の死がひとつのきっかけとなり、家治の死が意次の失脚を決定的なものとした。

人とは薄情なものである。家治が亡くなると、かつての仲間は皆意次から離れた。栄華を誇った意次だったが、最晩年は不遇であったといわざるを得ない。

意次の没後の田沼家は孫の意明が継いだが、一七九六年（寛政八）九月大坂で客死。その跡を継いだ次男の意壱は、一七九九年二月に死去。その次を末弟の意信が継いだが、一八〇三年（享和三）九月に死去。意知の三人の子が亡くなり、やむなく田沼家は意次の弟意誠《おきのぶ》の孫の意定を養子にして継がせた。しかし、この意定も一八〇四年七月に死去。わずか八年という短い間

田沼意次墓

に五人の相続者が亡くなるという不幸に見舞われている。

その後、意次の四男の意正《おきまさ》が田沼家を相続した。意正は、一度老中の水野忠友の養子に入ったが、離縁されていた。この意正の時代になってようやく田沼家は落ち着く。意正は若年寄に登用され、実績を残して旧領の相楽に復帰することができたのである。そうして田沼家は、幕末まで相楽の地を領して明治維新を迎える。

◇田沼意次は本当に賄賂政治家だったのか

田沼意次は昔から賄賂政治家というレッテルを張られてきたが、これは本当なのだろうか。

大石慎三郎は著書『田沼意次の時代』において、大正時代に書かれた『田沼時代』で辻善之助が、『植崎九八郎上書』、『甲子夜話』、『伊達家文書』などの江戸時代の史料をもとに意次の悪評について書いているが、これらの史料はすべて意次が失脚した後に書かれたものである、史料の著者の立場が公正でない、史料の解釈に問題がある、といった理由から、意次の悪評は史実ではないのではないかと述べている。

意次の性格や人柄、さらに政策についてはこれまで書いてきた通りである。当然、ひとりの人間、政治家としては長所も短所もある。おこなった政策にはさまざまな評価がなされているが、けして悪評ばかりではない。では賄賂についてはどうか。その前にまず、江戸時代の賄賂についての考え方をみてみたい。

日本は昔から贈答社会といわれるほど儀礼的な贈答が社会に深く根付いてきた。贈答が適切にできないと、その人の常識や人間性まで疑われてしまう。江戸の社会において贈答は慣例化していた。大名が幕府の役人に贈る進物は「付《つ》け届《とど》け」といわれ、贈ることが当たり前となっていた。付け届けの回数、品数、金額などがある程度決まっており、この範囲内であれば賄賂とはされなかった。しかし、この慣例の範囲を超えた付け届けと賄賂を明確に区別することは難しい。

ひとつの例に意次の相良城の築城がある。意次は一七六七年（明和四）に側用人就任と同時に二万石を加増され、遠江国榛原郡相良に築城を許された。側用人となり江戸を離れられない意次は、家老の井上伊織に築城を任せた。相良城が竣工したのは、一七八〇年（安永九）の春だった。この時は意次も相良城に十日間滞在している。

相良城は、他の大名の築城のように幕府からの補助金を下げ渡されることもなく、また、領民に重い負担をかけることなく築城されている。では、田沼家にはそれほどの貯えがあったのか。十一代将軍家斉の実父一橋治済《はるさだ》は自分の隠居所を建設するために全国の大名に賦役を命じ百数十万両集めたという。相良城も同じように各大名らの協力によったものであろう。(『田沼意次　その虚実』後藤一朗)

田沼家は、どのようにして貯えたのかは不明であるが、藩の財政は豊かであったと思われる。

田沼家は、一七八七年(天明七)、相楽城の取り壊しの際に、城付きと称して、一万三〇〇〇両を幕府に没収され、その翌年、意次が隠居させられた後に孫の意明が家督を相続すると、すぐに幕府の川普請役御用を命じられて、六万両を差し出させられている。それでも田沼家は破産してはおらず、いかに田沼家が裕福であったかが知れよう。

相良城の築城当時まだ老中にはなっていないが、側用人としての意次の権威にあやかろうとした各大名が多額の資金を意次に提供したものであろうが、これは賄賂とはいえるのかどうか、判断は難しい。相良城築城の際に仙台藩主伊達重村より寄進された仙台河岸《せんだいかし》というものがある。重村は当時、少将から中将への官位昇進を強く希望し、方々に働きかけていた。これは明らかに具体的な見返りを願っていると思われるので、賄賂的性格が濃厚といえるのではないか。

仙台河岸　仙台藩主の伊達重村が寄進したと伝えられる。

一七六五年（明和二）、重村は中将昇任のために家臣に命じて老中の松平武元《たけちか》と当時御用取次だった意次に工作をさせている。武元は老中首座でありもっとも幕府の実権を握っていた。意次は御用取次ではあったが、実力者の一人と見ていたのであろう。重村はこの二人の他に大奥で権勢を誇っていた年寄の高岳《たかおか》にも工作している。この時の工作は実らず重村の中将昇進はならなかったが、その後も重村は側役古田良智に工作を続けさせている。古田は、意次の用人井上と意次の弟意誠、さらに大奥の高岳に工作した結果、重村は二年後の十二月に中将への昇進をはたしている。

このように当時は、なんらかの働きかけ

仙台河岸説明版

をしなければ望みの官職を得たり出世できないというのが常識だったのだろう。清廉潔白な政治家といわれた定信でさえ、白河藩松平家の家格を高めてもらうために工作をしている。乏しい財源の中から工面した金銀を意次に贈り、念願の「溜詰《たまりづめ》」昇任をはたしている。定信も不本意ではあったが、当時の幕府内の慣例・風潮から、やむを得ずこのような行動をとったものと思われる。

　田沼時代においては、幕府は歳入を増やし財政の立て直しをはかるために、経済政策を積極的に推進した。幕府の事業は商人の請負となり、新田開発、鉱山開発、干拓事業などを商人資本を活用しておこなった。このため、幕府の役人と商人との関係が密接になり、時には癒着が生じて賄賂の生まれやすい環境ができていた。

前述した通り、政権トップの意次に商人が直接接触することは難しい。となると、まずは意次の側近、あるいは家臣に近づいて、その伝手をたよりに意次にたどり着こうとする。その過程で賄賂がおこなわれた可能性は否定できない。

意次の家臣団に注目したい。意次は一代で下級旗本から大名となった。そのため加増のたびに家臣を新たに雇い入れなければならなかった。割合短い期間にどんどんと家臣が増えていったのである。それゆえ田沼家の場合、他の大名家と比較すると、長く仕えた譜代の家臣が圧倒的に少ない。

田沼時代は、戦国期や江戸時代初期の頃のように、大名の没落が頻繁に起こり、多数の浪人が生じた時代とは異なるため、中途採用で有能な家臣を雇うことは難しい時代であった。他家を追い出された者や出自の怪しい者も家臣となっていたと思われる。田沼家では、続々と増えていく新規の家臣の統制が充分ではなかった可能性がある。

田沼家の家老の井上寛司《かんじ》は、もともとは百姓身分の出身といわれる。それが若い頃に意次の家臣となり、低い身分から家老にまで出世した。意次と同様に成り上がった者である。

用人の三浦庄司も大庄屋の子とはいえ、百姓身分の出身である。身分が低くても能力のある者を抜擢するのはよいが、新興の田沼家には大名家としての伝統や家風というものが充分に確立されておらず、規律も厳格なものではなかったと思われる。

このような田沼家の家臣たちは、利権を得ようとして意次に近づこうとする商人や栄達を望む他の大名家の家臣たちに付け入られ、利用されたのではないか。そこに賄賂が横行するような風潮が生まれ、意次自身も賄賂政治家としての評判が出来上がってしまったのであろうか。

三　蔦屋重三郎の処罰

◇寛政の改革の影響

田沼時代の自由な雰囲気の社会の中で大きく成長してきた蔦重だったが、定信の寛政の改革が始まると徐々に出版界にも影響が及んでくる。質素倹約と文武奨励のために、社会全体が引き締められ、贅沢は禁止された。そうなると経済はしだいに縮小されて不景気となってくる。田沼政権に不満を持っていた人々からすれば、期待されて登場してきた定信だったが、しだいに武士も庶民も窮屈さを感じるようになり、今度は定信政権に不満を持つようになった。

　このような空気を察知した蔦重は、改革政治を風刺するような黄表紙を出版する。一七八八年（天明八）正月に出された朋誠堂喜三二作の『文武二道万石通』である。鎌倉時代を舞台にした物語

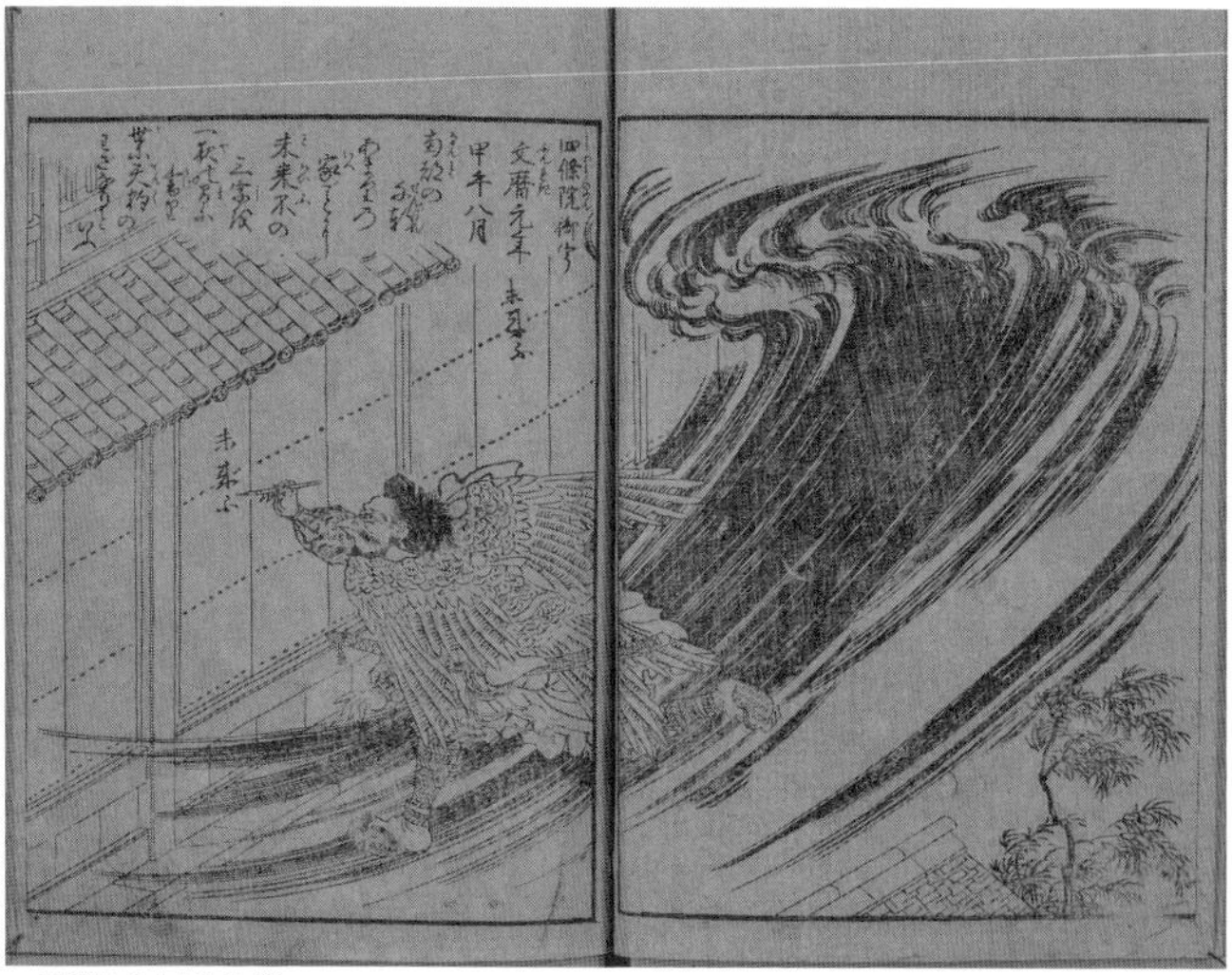

『歴代《れきだい》武《ぶ》将《しよう》通鑑《つがん》』　北尾重政が描いた武者絵本。寛政の改革の士道復活政策の影響で売れた。
出典：ColBase（https://colbase.nich.go.jp/）
東京国立博物館蔵

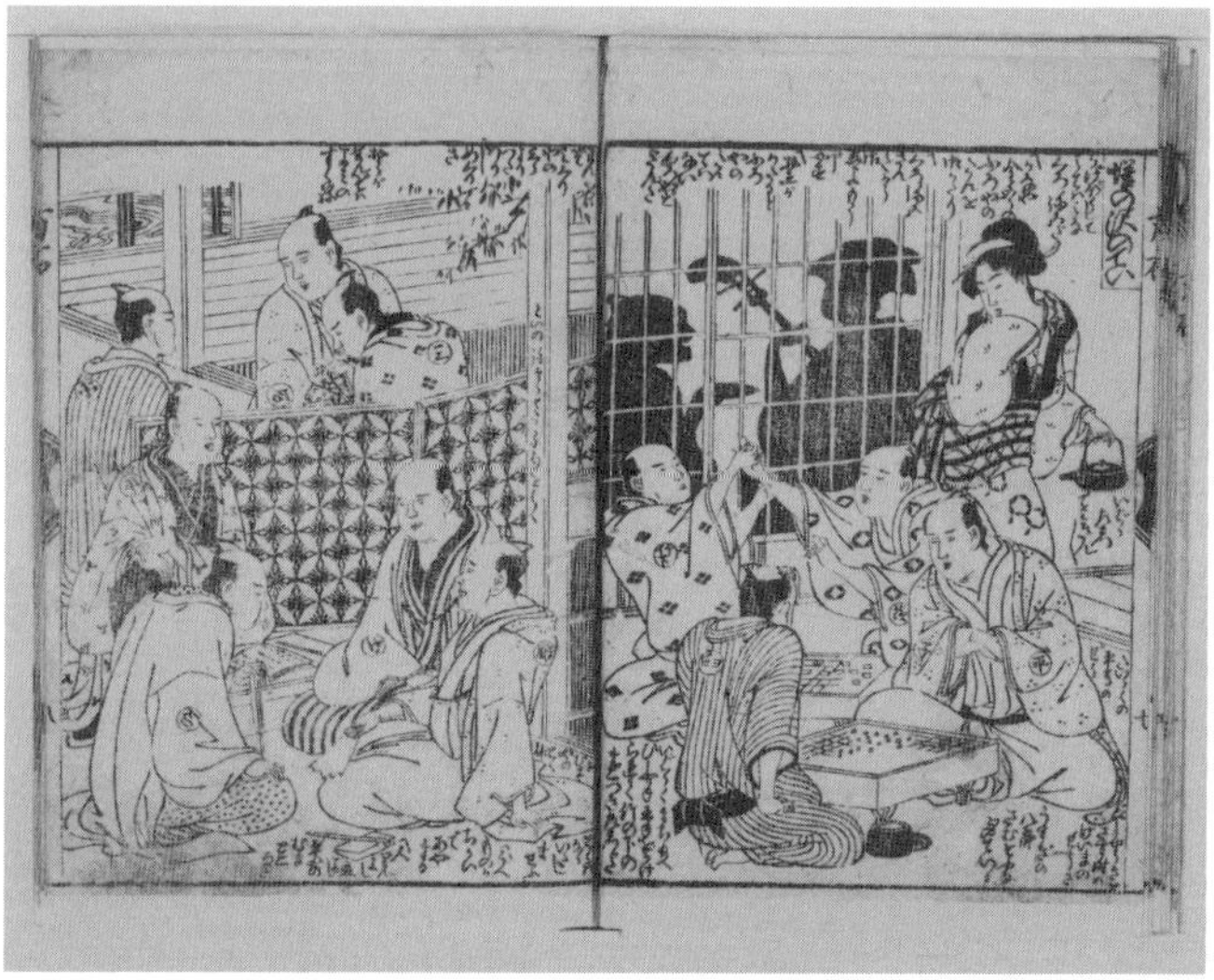

『文武二道万石通』（朋誠堂喜三二）　1788年（天明８）に出された、将軍家斉と松平定信を茶化した物語。　東京都立中央図書館蔵

で、源頼朝が畠山重忠《はたけやましげただ》に対して、武士たちを「文」の武士と「武」の武士に分けて統制するように命じる。タイトルの万石通は玄米と籾殻《もみがら》をふるい分ける農具のことである。

文にも武にも分類されない「ぬらくら武士」は、重忠によって根性を叩き直されるという物語である。喜三二の文章も面白いが、喜多川歌麿《きたがわうたまろ》の門人の喜多川行麿《ゆきまろ》が描いた挿絵が興味深い。重忠の着ている裃《かみしも》は梅鉢紋《うめばちもん》で定信を指しているのは明らかである。他の登場人物の紋所も、田沼意次一派の幕閣の者たちであることが暗示されている。

非常に巧妙につくられた物語である

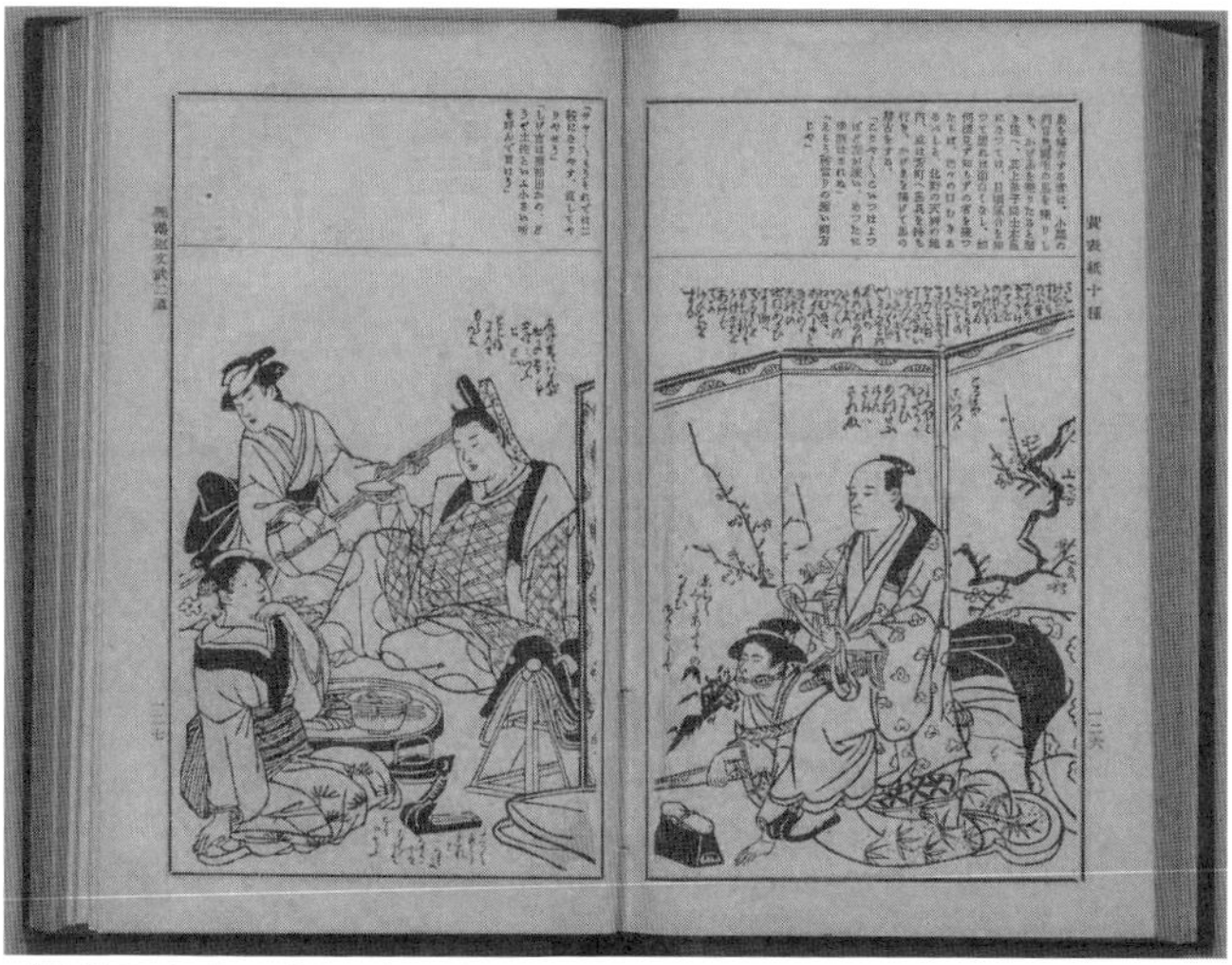

『鸚鵡返文武二道』　恋川春町が、寛政の改革を風刺した黄表紙。
東京都立中央図書館蔵

が、読めば頼朝は将軍家斉で、重忠は定信とわかる。定信の文武奨励を賞揚しているようであるが、幕府の政治を風刺しているようにも見える。この作品は人々の共感を呼び、大ヒットした。蔦重はすぐに第二弾を出していく。

翌一七八九年（寛政元）正月、今度は恋川春町作、北尾《きたお》政美《まさよし》（鍬形蕙斎《くわがたけいさい》）画の『鸚鵡返文武二道《おうむがえしぶんぶのふたみち》』である。時代を平安時代に設定し、作品中に菅原道真《すがわらのみちざね》の書いた「九官鳥のことば」という本を出して、定信の著作の『鸚鵡言《おうむのことば》』を揶揄《やゆ》している。『鸚鵡言』には政治を凧《たこ》揚げにたとえている文章があり、物語の中で道真時代の官僚たちが皆凧揚げをしている

『近世職人尽《づくし》絵《え》詞《ことば》』　江戸の職人の姿や町中の歓楽街・飲食店が描かれている。　出典:ColBase(https://colbase.nich.go.jp/)　東京国立博物館蔵

場面が登場する。これも定信の政治を風刺しているのは明らかである。

これも前作におとらず売れた。

さらに調子に乗った蔦重は、唐来参和《とうらいさんな》の『天下一面《てんかいちめん》鏡梅《かがみのうめ》鉢《ばち》』を出す。自然災害を実際とは正反対の内容に面白く書き換え、当時の世相を皮肉った。これも当時の改革政治に不満を持つ人々の間で大きな話題になって売れた。こうなると幕府も黙って見ているわけにはいかなくなった。

まず、秋田藩の江戸留守居役《るすいやく》だった喜三二は幕府から秋田藩に圧力がかかったようで、江戸から国元に帰された。おそらく秋田藩が幕府を憚《はばか》ってのことであろう。それでもしたたかな喜三二は、黄表紙は書かなくなったが、手柄岡持《てがらおかもち》の狂名で狂歌を詠み続けていく。

春町は悲惨だった。小島《おじま》藩の年寄本役の身分だった春町に幕府から出頭命令が出された。出頭命令は何度か出されたようだったが、春町はとうとう出頭することなく、突然亡くなってしまう。おそらく、藩に迷惑がかかることを恐れて自殺したのではないかといわれている。不幸なことであった。『天下一面鏡梅鉢』は絶版となった。

狂歌三大家の一人、四方赤良《よものあから》（大田南畝《おおたなんぽ》）は幕臣であった。他の者よりも幕府は絶対的存在であり、処罰は怖い。南畝は狂歌を詠むことをやめざるを得なかった。

その後も幕府の出版に対する統制は強められていく。

◇処罰

蔦重はここまで、幕府の出版統制のもとでも直接罰せられることはなかったが、危険な内容の本を出版する者として幕府から目をつけられていたことは間違いない。一七九一年（寛政三）三月、ついに蔦重は処罰を受ける。出版取締令に違反したとして、山東京伝作の『娼妓絹籭《しょうぎきぬぶるい》』、『仕懸文庫《しかけぶんこ》』、『青楼昼之世界錦之裏《せいろうひるのせかいにしきのうら》』が処罰の対象となった。作品を書いた山東京伝が手鎖《てじょう》五十日、出版した蔦重が身上に応じた重過料という罰金刑、その他原稿を審査する行事役をつとめた地本問屋の吉兵衛と同じく行事役の新右衛門は軽追放、

山東京伝　『江戸花京橋名取』
出典:ColBase(https://colbase.nich.go.jp/)
東京国立博物館蔵

京伝の父伝蔵は息子の監督不行届きという理由で急度《きっと》叱《しか》りというものだった。

これ以前にも罰金刑を受けていた京伝のショックは大きく、断筆はしなかったものの、しばらくは処罰の恐れのない勧善懲悪を内容とする作品を書くようになってしまった。

蔦重は重過料ということで相当な額の罰金を課されているが、罰金については「身上半減」という説がある。これは、若い頃に蔦屋で番頭として働いていたこともある曲亭馬琴《きょくていばきん》の『伊波伝毛之記《いわでものき》』という記録である。身上半減とすれば、蔦屋の財産が半分取られたということで、店の経営には重大な影響をおよぼすはずである。しかし、この処分後も蔦屋は平常の営業を続けている。反骨心の強い蔦重が処罰で受けた痛手を見せなかっただけかもしれないが、蔦屋からはそれなりの数の本が出版されている。

『箱入娘面屋人魚』(山東京伝)　東京都立中央図書館蔵

馬琴という人物はかなり個性の強い人物であり、世話になった元主《あるじ》の蔦重に対して必ずしも良い感情を持っていなかった節がある。そのようなことを考えると「身上半減」と記した理由が理解できる。ここから「身代半減」という、重い処罰の印象が流布していったのではないか。

幕府の出版統制の影響で経営を圧迫されていた蔦重は、元来の反骨心もあり、半ば強引にこの三作を出版してしまった可能性もある。幕府の触れにしたがって、行事役である二人の地本問屋仲間のチェックを受けてはいるが、蔦重と二人の関係を考えた場合に、二人は出版許可を与えざるを得なかったのかもしれない。

ではそもそも処分の対象となった三作品は、幕府の触れに違反していたのだろうか。

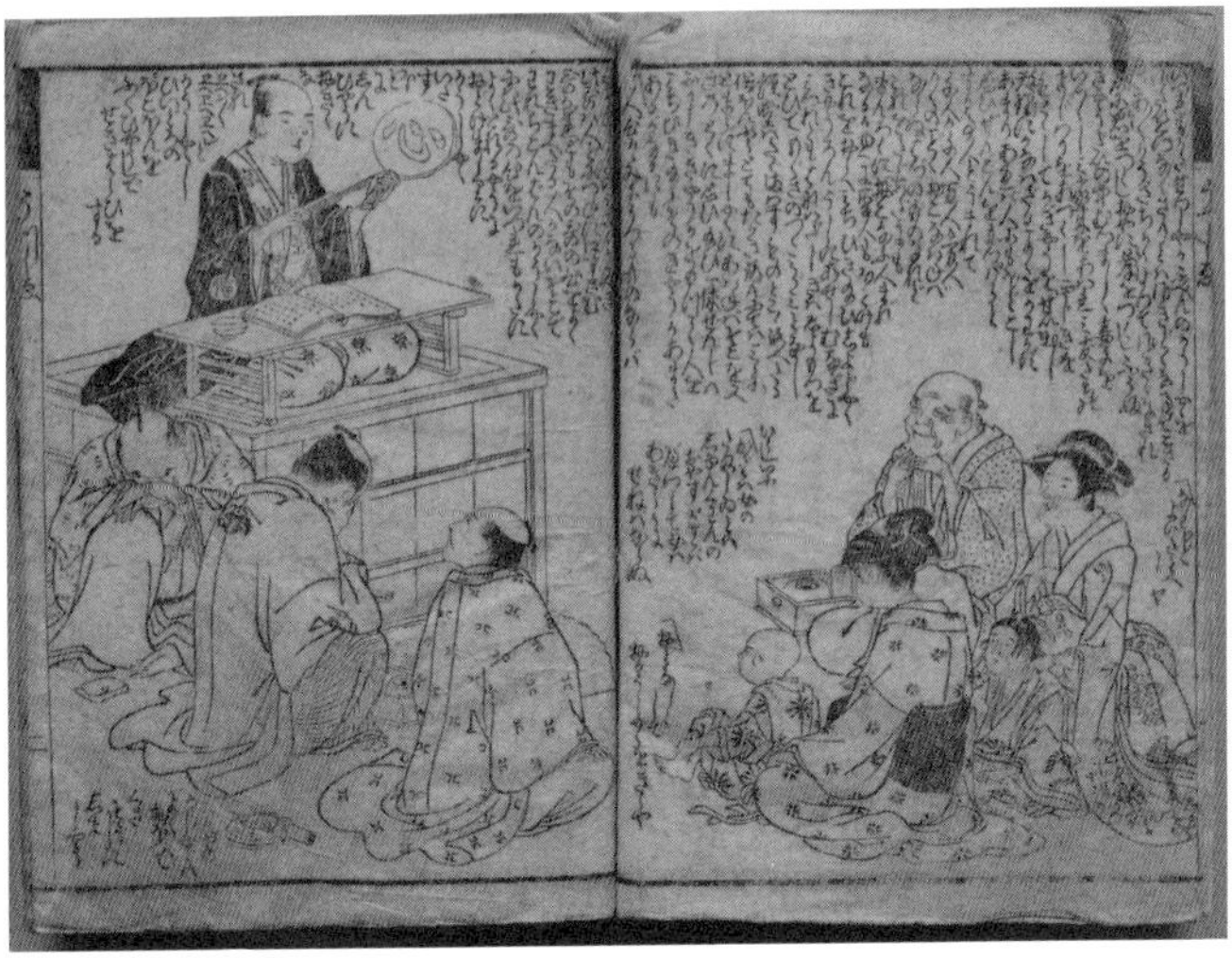

『人心《ひとごころ》鏡《かがみ》写《うつし》絵《え》』3巻（山東京伝）　人の心がその人物の胸に映し出されるという物語。　国立国会図書館蔵

幕府批判にもならず、時代批判にもならない。内容からは、理由がみつからないが、「好色本は絶版にすべし」と「古代の事にたとえてけしからん内容を作り出す事例があるが、今後はおこなってはならない」の二つに抵触したのであろう。（『蔦屋重三郎　江戸を編集した男』田中優子）

天明の飢饉で数十万人が餓死している。暮らしに困ったり、年貢を納められない百姓は娘を身売りしたりしている。その娘が売られて江戸に来て、商家や吉原で働かされている。

そのような状況の時に宴を開き、御馳走を食し酒を飲む贅沢三昧は目に余る。

『山東京伝の見世』　山東京伝が江戸の京橋で経営していた煙草《たばこ》入れ屋。
出典：ColBase（https://colbase.nich.go.jp/）　東京国立博物館蔵

それゆえ定信は贅沢を禁止し、なんとか江戸の庶民の暮らしを守ろうとした。必死になってやっている政策や自身を批判するのは許しがたい。たとえ、風刺や茶化しでも見過ごすことはできない。

　定信はこのように考えて、京伝と蔦重を処罰したのではあるまいか。

第五章　寛政の改革後の蔦屋重三郎

一　松平定信の老中辞任とその後の政治

◇松平定信政権に対する不人気

自然災害、飢饉、打ちこわし、賄賂政治、風紀の乱れなど、田沼時代末期の政治に対する不満が高まる中、三十歳の青年老中、松平定信が颯爽と登場した。八代将軍徳川吉宗の孫で、田安家の生まれという血筋、白河藩主としての実績などで、定信の人気は高かった。武士も庶民も定信に期待していた。定信は、幕府の立て直し、士風の矯正、庶民の暮らし改善のために懸命に尽力した。

武士に対しては文武の奨励をおこなうとともに、旗本・御家人の暮らしの支援策として棄捐令《きえんれい》を出して借金を棒引きとした。庶民には、農村の復興策、飢饉のための備考貯蓄の環境を整備した。しかし、定信が改革政治を推し進めるにしたがい、しだいに人々は定信の政治に対して、窮屈さを感じていく。

定信の清廉潔白過ぎる性格と、政治に対する危機感が強過ぎるあまり、政策は執拗と思われるほど、細部にわたり統制的になってしまう。

繰り返し出される文武奨励と倹約令は人々に不満を生じさせていく。二〇〇年近くも泰平の世に生きてきた武士が、急に武に対して関心を示したり、必要性が出てくるとは思えないし、武士の皆が定信のように学問好きになれるわけではない。

飢饉や非常時に備えるためとはいえ、ささやかな楽しみである贅沢《ぜいたく》を禁止され、絶えず質素倹約を強制されることは、誰もが窮屈なばかりか苦痛にさえ感じるようになる。

一七八七年（天明七）十一月に料理茶屋や茶店における売春が禁じられた。一七八九年（寛政元）三月には、奢侈《しゃし》品の製造、販売が禁止され、翌年には、華美な雛人形の販売者や銀製のキセルの販売者が処罰されている。さらに、一七九一年には、男女混浴が禁止（『松平定信』高澤憲治）、というふうに、細部にわたる統制が次々とおこなわれていく。

こうした政策は、やがては定信政権に対する反感となっていくのであった。

◇将軍・閣僚たちとの対立と老中辞任

定信に対する世間の評判が悪化していく中で、定信と他の幕閣との間にも隙間が生じて

霊巌寺山門

いくようになる。定信が老中となる前に政策集団の仲間として信頼関係を築いてきた者たちとの確執が生じてきたのだった。

　定信がもっとも信頼し、尊敬さえしていた本多忠籌《ただかず》と定信の忠実な側近と思っていた松平信明《のぶあきら》との関係が変化してきていた。定信政権においてはこの三名が核となり、その他の幕閣との合議制で改革政治が進められていたが、しだいに定信の独裁のようになっていったのである。それは、定信はいちおう他の老中に政策を諮《はか》るが、他の者が意見を述べても定信はけして持論を変えようとはしなかった。いつしか、他の老中たちもあきらめて何もいわなくなってしまった。

　さらに定信は、定信の老中就任を御三家とともに強力に推し進めた一橋治済《はるさだ》との関係も悪化していた。

もっとも決定的であったのは、将軍家斉《いえなり》との関係であった。定信は将軍に就任して間もない少年家斉の将軍補佐という立場で権力を行使してきた。ところが家斉も二十歳となり、政治に対する独自の考えを持つようになってくると、定信の思い通りに動かすことができなくなってきたのである。そうして、家斉の主張する治済の大御所問題で定信と家斉は決定的に対立してしまった。

一七九三年（寛政五）七月二十二日、定信に対して将軍補佐と老中の職を解任するという将軍の内意が伝えられたのである。

◇老中辞任後の松平定信

定信は三十六歳で老中を辞任すると、五十五歳で嫡男定永に家督を譲るまでのおよそ二十年間白河藩政の改革に意欲的に取り組んでいる。藩主

松平定信像　福島県立博物館蔵

『江戸浴恩園全図』　国立国会図書館蔵

を引退した後も定永をささえながら、藩の政治、あるいは幕府の政治にも関わっていた。

まず、定信がとくに意を注いだのが、庭園づくりである。一七九四年（寛政六）築地の下屋敷に浴恩園《よくおんえん》、白河城の三の丸に三郭四《さんかくし》園《えん》、一八〇一年（享和元）には白河領内に南湖、一八〇八年（文化五）に江戸大塚に六《りく》園《えん》、一八一六年に江戸深川に海荘《はまやしき》という合計五つの庭園をつくっている。現在も残っているのは、白河の南湖のみである。

教育にも積極的に取り組んでいる。すでに老中在任中に藩校の立教館をつくっていたが、老中辞任後には庶民のための学校である「敷教舎《ふきょうしゃ》」を白河と須賀川に設けている。

さらに定信は身軽な自由の身になると、領

南湖公園　1801年（享和元）、松平定信によって造成された日本最古の公園。

磐城白河　南湖公園　共楽亭　白河市歴史民俗資料館蔵

霊巌寺本堂　松平定信の墓のある寺(東京都江東区白河町)

内を精力的に巡視するだけでなく、仙台藩領の塩釜から松島まで足を伸ばして見聞を広めている。

文化事業としては、古代の白河関の場所を調査・研究の末に確定し「古関蹟《こかんせき》」の碑を建てたり、諸国の文化財を調査し、『集《しゅう》古十種《こじっしゅ》』という本にまとめたりしている。その他、『白河風土記』、『白河古事考』といった歴史書などを編纂させている。

一八二九年（文化十二）、定信は風をこじらせ病床につく。二月に火事で六園が焼失すると、翌三月にも火事で浴恩園が焼失している。やむなく定信は松山藩の屋敷に移り、五月十三日に死去。七十二歳であった。

松平定信墓地

松平定信墓

二　蔦屋重三郎の経営転換と最期

◇処罰を受けた後の蔦屋重三郎

幕府の出版統制令に触れ、処罰を下された蔦重だったが、これで意気消沈したり没落したりすることはなかった。蔦重は、豪胆でしたたかで、打たれ強い性格だった。さらに経営者としても柔軟な発想を持ち、目先を読む力にすぐれ、蔦屋を立て直していく。

寛政の改革のもとでは、黄表紙《きびょうし》・洒落本《しゃれぼん》の出版は難しいと考えた蔦重は経営方針を大きく変えた。そうして蔦重は、学術書の出版、浮世絵の出版、大首絵の出版へと活路を見出していくのである。寛政の改革の中で、黄表紙や洒落本は厳しく統制されたが、文武の奨励によって朱子学、国学、心学などがさかんになり、これらに関連した堅い内容の本が売れるようになっていた。

これに対応するために蔦重は、これらの本を扱うことのできる書物問屋の株を取得し、学術書の販売に力を入れるようになった（処罰される直前に株を取得したという説もある）。さらに蔦重は、出版物の販路を江戸から名古屋、大坂、京都などへも広げるような構想を持ち、実行に移していく。蔦重は、伊勢松坂に赴いて国学の大家であった本居宣長《もとおりのりなが》を訪ねる。そこで蔦重は、宣長の著書『玉勝間』の販売元となることを認められた。

◇蔦屋重三郎と喜多川歌麿

蔦重は、浮世絵の出版に乗り出していく。蔦重がその才能を見出し、大きく売り出して成功させたのが、喜多川《きたがわ》歌麿《うたまろ》と東洲斎写楽《とうしゅうさいしゃらく》である。

歌麿は幼い頃に両親と死別し、生年も明らかではないが、一七五三年（宝暦三）生まれとされ、狩野派の系統の浮世絵師、鳥山石燕《とりやませきえん》に引き取られ、そこで育てられながら絵を学んだ。石燕

『喜多川歌麿肖像画』　鳥文斎栄之　耕書堂で働きながら絵の修行をし、蔦重のプロデュースで売り出された。大英博物館蔵　©The Trustees of the British Museum c/o DNPartcom

門下からは、歌麿をはじめ、恋川春町《こいかわはるまち》、栄松斎長喜《えいしょうさいちょうき》などのすぐれた絵師を輩出している。歌麿は最初「北川豊章《きたがわとよあき》」を名乗り、一七七〇年（明和七）に出版された歳旦帳《さいたんとばり》『ちよのはる』の挿絵がデビュー作といわれる。（『蔦屋重三郎と田沼時代の謎』安藤優一郎）

その後歌麿は、富本《とみもと》正本表紙絵、錦絵、芝居本挿絵、黄表紙・洒落本の画などを描き続けていくが、世間に知られるほどではなかった。師であり育ての親でもある石燕との関係が悪くなり、一時期家を出たり戻ったりしている。

北川豊章が初めて「歌麿」と名乗ったのが、一七八一年（天明元）に蔦屋の刊行した志《し》水燕十《みずえんじゅう》の黄表紙『身貌《みなり》大通神《だいつうじん》略《りゃく》縁起《えんぎ》』の挿絵だった。そして、その年の七月の玉菊灯籠に取材した『灯籠番附《とうろうばんづけ》　青楼夜《せいろうよる》のにしき』から「喜多川歌麿」の署名を使うようになる。

（『蔦屋重三郎　江戸を編集した男』田中優子）

二年後の歌麿が三十一歳の時に、石燕門下で歌麿と仲の良かった燕十が蔦屋に移ると、歌麿も後を追って蔦屋に移っている。歌麿は「北川」から蔦重の本姓である「喜多川」へと雅号を変えたのは、蔦重の影響があったと思われる。蔦重は以前から歌麿の才能に気付いていたので、歌麿に描かせた洒落本、俳書、黄表紙、艶本、錦絵とさまざまな本を精力的に蔦屋から刊行する。その後歌麿は、狂歌絵本の刊行によって世間に広く知られるようになっていく。

一七八八年正月、歌麿三十六歳の時に出した『畫本虫撰《がほんむしえらみ》』は、江戸中の人々を驚かせた。この頃、浮世絵印刷の技術が飛躍的といえるほどに進歩していた。墨で印刷するだけのモノクロから色のついた多色摺《たしょくずり》になり、極めて微細な線も描けるようになった。それに加えて摺師の技術も高度になっていく。そうして、今までになかった完成度の高い浮世絵が印刷できるようになった。

『畫本虫撰』によって歌麿は画壇の名声を不動のものとした。自信を得た歌麿は、蔦重のもとを離れて独

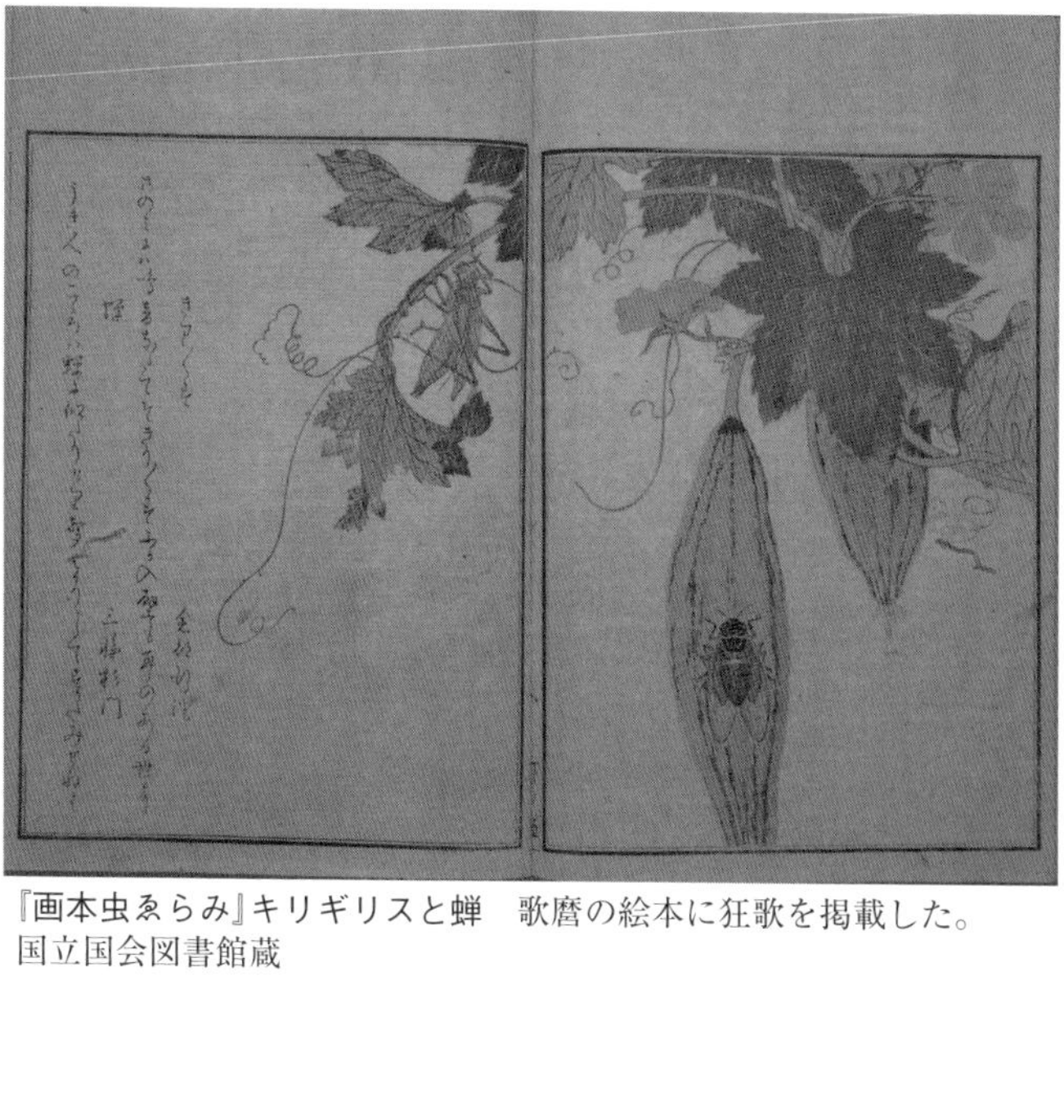

『画本虫ゑらみ』キリギリスと蝉　歌麿の絵本に狂歌を掲載した。
国立国会図書館蔵

立することを決意する。歌麿は蔦屋専属からフリーの立場となり、さらに絵師としての可能性を広げていく。蔦屋から独立しても歌麿と蔦重との関係は良好であり、蔦重は歌麿を起用した出版物を多数刊行していく。フリーとなったことにより歌麿には、他の版元からもたくさん仕事の依頼がきて、続々と歌麿の錦絵が刊行されていく。

　蔦重は幕府より処罰を受けた後、絵の分野でも路線変更をする。一七九二年（寛政四）から翌年にかけて、蔦重は『婦人相学十躰《ふじんそうがくじったい》』、『婦女人相十品《ふじょにんそうじっぴん》』、『姿見七人化粧《すがたみしちにんけしょう》』、『琴棋書画』、『見立六歌仙《みたてろっかせん》』を歌麿に描かせて刊行している。

　これは今までになかったポーズの女性肖像画で『美人大首絵《びじんおおくびえ》』と呼ばれた大判錦絵である。すでに高い評価を得ていた、鳥居清長《とりいきよなが》の描く長身の全身図の美人画とは異なるものだった。これは蔦重の企画か歌麿の着想かはわからないが、二人のコンビの結晶ともいえるものであろう。この美人画は大好評を博し、歌麿の新しい絵の境地を開いていく。

　絵の構図も斬新であったが、印刷にも工夫がこらされている。背景には風景や草木などは描かず、雲母《うんも》の粉末を使った雲母摺《きらずり》にして、明るい背景としている。描かれている女性のポーズも多様で、さまざまな動きや表情が感じられ、親しみが持てる雰囲気を漂わせている。この一般女性の美人画から、翌年には『若那屋内しら玉』、『玉屋内まき絹』などの吉原の高位の遊女たちを描いたものを刊行している。

　絵師として順風満帆の歌麿であったが、一七九〇年に大きな不幸に見舞われている。同年八月二十日、大風雨のために深川が洪水になり、深川久右衛門町に住んでいた歌麿も被災して避難を余儀なくされた。その数日後に、愛妻おりよが亡くなった。傷心のために、しばらく歌麿は作品が発表できない状態となった。その後、栃木の知人の勧めで画会を開くなどして過ごしていた。その頃、蔦重は幕府の処罰を受ける。

　ふたたび江戸に戻った歌麿は、蔦重とともに錦絵の制作に励むようになった。歌麿は愛妻を失った傷心を癒さんとしてか、吉原の世界に沈湎《ちんめん》し、新しい画材を遊女たちに求める。（『喜多川歌麿（正）第六巻』林美一）

『婦女人相十品・ポッピンを吹く娘』
従来の全身を描く美人画から、顔や上半身を強調した歌麿の代表作。
出典：ColBase（https://colbase.nich.go.jp/）
東京国立博物館蔵

歌麿には美人画、遊女画を描く動機があったのかもしれない。

吉原育ちの蔦重は、吉原とは切っても切れない関係にあった。吉原で貸本業を営み、吉原大門《おおもん》前で最初の店を出し、そして吉原のガイドブックである吉原細見《よしわらさいけん》を長く出版してきた。吉原への集客を目的とした俄《にわか》（即興の芝居）などのイベントのガイドブックも出している。吉原で狂歌師たちを集めて大いに楽しませて狂歌本を編集し、そして出版した。

さらに吉原を題材とした内容の黄表紙や洒落本を出し、処罰を受けた後、今度は吉原の遊

『江戸三美人・富本豊雛、難波屋おきた、高しまおひさ』（喜多川歌麿）　寛政の三美人と称された、富本豊雛（上）・難波屋おきた（中）・高島屋おひさ（下）。
出典：ColBase（https://colbase.nich.go.jp/）東京国立博物館蔵

女の浮世絵を出し始める。蔦重はまさに吉原の広告代理店であり､プロデューサーであった。

吉原の遊女を描いた浮世絵は評判を呼び、吉原を訪れる客は大いに増えたに違いない。

蔦重と歌麿のコンビはたくさんの美人画を生み出し世に送り出したが、ついにふたりの関係に大きな変化が訪れる。一七九三年（寛政五）の末から翌年頃、二人の間に少しずつ溝ができるようになってしまった。

一説では、歌麿への他版元からの勧誘が強くなり、歌麿が蔦屋を離れていったためといわれ、それが一因となって蔦重は、新たに写楽の役者絵に重点を移していったと解説する人もいる。また別説では、これと全く逆に、蔦重が写楽への肩入れを強めていったために、それが歌麿の反感を買って彼が蔦屋から遠のいていったとの考えもある。（『蔦屋重三郎　江戸芸術の演出者』松木寛）

蔦重と写楽がどのようにして出会ったのかはわかっていない。それどころか、少し前までは写楽が何者であるかさえもわからず、長い間論争となっていた。幕末の考証家斎藤月《げっ》岑《しん》が、八丁堀に住んでいた阿波徳島藩の能役者斎藤十郎兵衛が写楽であるとの説を提示後、いちおう有力説となっているが、不明な点の多い、いわば謎の浮世絵師である。

蔦重と歌麿が疎遠になり始めた後の、一七九四年の五月から突然､写楽が登場してくる。

そうして、翌年の正月までのわずか十ケ月間が写楽の活動時期であり、その後消息を絶った。このようなことからも謎の人物といわれている。

写楽のもっとも特徴的な絵の構図である大首絵は、蔦重の企画か写楽の着想かはわからないが、おそらく蔦重と歌麿の関係のように二人の共同制作であろう。いずれにしろ蔦重は、写楽の売り出しには今までになく精力を傾けたのは確かである。写楽の絵の発売時期は三期に分けられる。

一期目は、同年の五月である。蔦重は相当写楽の絵に期待していたらしく、一挙に二十八枚もの役者絵を発売した。これにはかなりの資金もかかったはずであり、絵の制作にも時間を要したに違いない。蔦重にとっては大きな賭けといえるものであった。堅実な経営方針の蔦重にしては珍しいことである。それだけ写楽の絵が売れると思っていたのか、幕府の処罰で受けたダメージをここで一気に回復しようとしたのか。

この時発売された絵は、数だけでなく内容も世間を驚かせるものだった。絵はすべて大判（縦三九センチ、横約二七センチ）の雲母摺《きらずり》の大首絵という豪華版だった。絵のスタイルも、従来の勝川派の描く伝統的な役者絵とは異なり、まったく新しいものだった。作者がまったく無名の絵師であったことも驚きであったろう。判の大きさ、雲母摺の豪華さ、大首絵、デフォルメされた表情など、すべてが衝撃的だった。

写楽は歌舞伎そのものと歌舞伎役者一人ひとりに精通していたらしく、役者の個性が生々しく描かれている。蔦重の写楽売り出しの企画は大成功であった。第一期の成功で意を強くした蔦重は、この年の七月、八月にかけて第二期の発売をおこなう。

第二期は、大首絵からガラリと趣向を変えた、全身像の作品だった。一期よりもさらに多い三十六枚が発売された。大首絵のように顔の細かい表情や手の仕草などで役者を表現するのではなく、役者の躰全体でつくり出される様式美などにより、役者の個性、そして歌舞伎の魅力を表現しようとするものだった。第二期の絵もまずまずであったが、短期間での大量の絵の制作は、しだいに写楽の制作意欲に陰りを見

『市川鰕蔵《いちかわえびぞう》の竹村定之進』　写楽の代表作で、歌舞伎役者竹村定之進の表情や手の動きが特徴的。
出典:ColBase(https://colbase.nich.go.jp/)
東京国立博物館蔵

させ始める。蔦重の役者絵の販売計画には無理があったように思える。

第三期の絵は、歌舞伎の興業において顔見世興業となる大事な時期に合わせて発売された。今度はなんと六十四枚もの作品を発売したのであった。第三期の計画は、写楽に相当無理をさせたらしく、一期、二期とくらべると明らかに絵の質が劣るようになってしまった。松木寛は『蔦屋重三郎　江戸芸術の演出者』において、第三期の作品を詳細に検証した結果、写楽本人が描いた作品でないものが見られる、という指摘をしている。

『三代目大谷鬼次の江戸兵衛』　江戸兵衛が敵対する侍から大金を奪おうとしている迫力の場面。
出典:ColBase(https://colbase.nich.go.jp/)
東京国立博物館蔵

蔦重の役者絵販売の方針と写楽の作品制作の考え方は途中で違ってしまったのだろう。そうして、蔦重の要求に耐えられなくなった写楽は、突然姿を消してしまったのではないか。蔦重の大きな誤算であった。

◇名プロデューサー蔦屋重三郎の最期

蔦重の経営は常に多角的であった。一つの販売企画、あるいは一人の作家、絵師にすべてたよるのではなく、いくつかの企画や才能のある作者を常時手元に確保していた。それゆえ、ひとつの企画が失敗したり、困難なことに出会ってもすぐに方向転換して切り抜けていくことができた。蔦重は、これまでにも狂歌師やその他の戯作《げさく》者と幅広く交流し、大きな人的ネットワークを築いて経営に役立ててきた。

蔦重が育てた作家がいる。曲亭馬琴《きょくていばきん》である。馬琴は、一七九二年（寛政四）から約一年四ケ月ほど耕書《こうしょ》

曲亭馬琴　『新増補浮世絵類考　戯作者畧伝』
国立国会図書館蔵

堂《どう》で番頭として働いていた。その後、飯田町中坂の下駄屋の伊勢屋に婿入りして耕書堂を出ていくが、蔦重は馬琴の黄表紙や読本《よみほん》を刊行している。蔦重は見ることはできなかったが、やがて馬琴は『南総里見八犬伝』で大ベストセラー作家となる。

蔦重は、写楽の役者絵を販売している間に十返舎一九《じっぺんしゃいっく》を蔦屋に雇い、錦絵に用いる奉書紙《ほうしょがみ》に礬砂《どうさ》を引く仕事などをさせていた。一九の文才を見出していた蔦重は、一九を抱えて育て、一七九五年（寛政七）に黄表紙を出している。やがて一九も、『東海道中膝栗毛』で大ヒットして著名な作家と大成していく。

蔦重は、勝川春朗《しゅんろう》の名で絵の修行していた葛飾北斎が、勝川派を破門されて俵屋宗理《たわらやそうり》

十返舎一九　『新増補浮世絵類考　戯作者畧伝』
国立国会図書館蔵

と名乗っていた頃、黄表紙の挿絵などの仕事を与えていた。一時期は、吉原の一大イベントである「吉原俄《にわか》」から題材を取った『仁和嘉《にわか》狂言』という揃物を任せるほどであった。

しかし北斎も、蔦重が生きている間に大成することはかなわなかった。北斎が「富嶽三十六景」をヒットさせ、アメリカの雑誌『ライフ』の企画した「この一〇〇〇年で最も偉大な功績を残した世界の人物一〇〇人」に、日本人として唯一ランクインするほどの評価を受ける活躍をするようになったのは、蔦重の死後のことであった。

葛飾北斎　『新増補浮世絵類考　戯作者畧伝』　国立国会図書館蔵

残念ながら蔦重は、馬琴と一九と北斎の活躍する姿を見ることはできなかった。蔦重は、一七九六年の秋、病を発して床につく。江戸わずらいといわれた脚気《かっけ》らしい。日毎に病は重くなり、翌年に入っても病状は回復しなかった。五月六日、死期を悟った蔦重は、家族に別れのことばを残してあの世に旅立った。享年、四十七歳。出版人としては志半ばの旅立ちだった。

蔦重の原点は吉原であった。吉原は幕府が唯一公認した遊郭である。吉原は遊郭であるゆえ、訪れる客は性の遊戯を求めてやってくる。しかし、吉原はただの遊郭ではなかった。高位の遊女ほど高い教養を学び、客の満足するような持て成しを心掛けた。自然と客の方も享楽のみを求める野暮な者だけでなく、廓《くるわ》のしきたりや作法を理解し、それなりの教養を身に着けた者が遊びに来るようになる。吉原には教養があり、お洒落で粋な文化人が多く集まるようになると、やがて吉原は江戸文化のひとつの中心地のようになる。

吉原の隅々までを知り尽くした蔦重は、遊女と妓楼の宣伝をするだけでなく、吉原で醸成された文化を黄表紙、洒落本、浮世絵という媒体を通して発信する役目を担っていく。もちろん自分の店の経営、商売のためでもある。蔦重の刊行する本や絵が注目され、話題となることにより、吉原を訪れる客が増える。こうして蔦重は、吉原に利をもたらし、また、吉原から利を得ていたのである。

蔦重は、経営者・商売人としては、堅実で時代を読む感覚にすぐれ、的確な判断力を持って機敏に行動した。そうして、自分の店だけでなく、江戸の文化まで主導する存在となった。ひとりの出版者・編集者としては、柔軟な思考と先見性を持ち、それをもとに他の誰もまねのできない企画力で、さまざまな出版物を刊行した。また、隠れた若い才能を見抜き、育て、数多く世に送り出した。まさに名プロデューサーでもあった。

蔦重は、浅草の正法寺に眠る。再建された墓碑には、石川雅望《いしかわまさもち》（宿屋飯盛《やどやのめしもり》）の撰文による「喜多川柯理《からまる》墓碣銘」が刻まれている。

その人となりは志、人格、才知が殊に優れ、小さな事を気にもかけず、人には信頼をもって接した。（中略）

その巧思妙算（発想力や人を結びつける力と世事物事を見通す計算高さ）は他の及ぶところなく頭抜けていて、ついに耕書堂という大店を成すこととなった。

（正法寺訳）

このように雅望は蔦重の人柄と経営者としての才覚を讃えている。また、碣銘には蔦重の死期が迫った最期のエピソードも記されている。

蔦重は亡くなる日の朝に、「私は今日の昼時に死ぬよ」と妻にいったが、昼時になっても生きていたので、笑ってまたいった「自分の人生は終わったはずなんだが、拍子木がならない。ずいぶん遅いな」と。つまり、芝居の幕をおろす拍子木が鳴らないと笑っていったというのである。その後、言葉を発することなく夕刻に亡くなった。
蔦重は最期まで通人らしく粋に旅立ったのである。

主な戯作者・絵師の寺と墓

正法寺　蔦屋重三郎の墓のある寺（東京都台東区東浅草）

正法寺

蔦屋重三郎の墓　喜多川家の先祖累代の戒名が刻まれている。重三郎の号は、「幽玄院義山日盛信士」。

蔦屋重三郎碑　大田南畝と石川雅望による「喜多川柯理墓碣銘」と「実母顕彰の碑文」が刻まれている。

朋誠堂喜三二墓

北尾重政墓

西福寺　勝川春章の墓のある寺(東京都台東区蔵前)

勝川春章墓

勝川春章説明版

成覚寺　恋川春町の墓のある寺(東京都新宿区新宿)

恋川春町墓

恋川春町説明版

本念寺　大田南畝の墓のある寺(東京都文京区白山)

大田南畝墓

大田南畝説明版

専光寺　喜多川歌麿の墓のある寺（東京都世田谷区北烏山）

喜多川歌麿の説明版

喜多川歌麿墓

榧寺《かやでら》　石川雅望の墓のある寺(東京都台東区蔵前)

榧寺

石川雅望墓

石川雅望(宿屋飯盛)説明版

誓教寺　葛飾北斎の墓のある寺(東京都台東区元浅草)

葛飾北斎墓

葛飾北斎説明版

回向院説明版

回向院　山東京伝の墓のある寺（東京都墨田区両国）。明暦の大火の死者を埋葬。大相撲の起源の地。

岩瀬京伝（山東京伝）墓

山東京伝（岩瀬京伝）説明版

密蔵院　北尾政美（鍬形蕙斎）の墓のある寺（東京都中野区沼袋）

北尾政美（鍬形蕙斎）墓

密蔵院

東陽院　（東京都中央区勝どき）

十返舎一九の説明版

十返舎一九墓

東陽院　十返舎一九の墓のある寺

深光寺　曲亭馬琴の墓のある寺(東京都文京区小日向)

曲亭馬琴(滝沢馬琴)説明版

曲亭馬琴墓

平賀源内墓地 （東京都台東区橋場）

史蹟平賀源内墓入口

平賀源内墓 （国指定史跡）

おわりに

江戸の改革者という視点で、蔦屋重三郎、田沼意次、松平定信の三人の人物をみてきた。蔦重は、一民間人、庶民であり、意次と定信は老中の地位に就いた政治家であるが、三人に共通するのが、新しい視点で、それまでに誰もやらなかったことを成し遂げた、いわゆる「改革者」だという点である。蔦重は、出版界ひいては江戸文化の改革者であり、意次と定信は、幕府の立て直しのために、従来の政策とは異なるさまざまな政治改革をおこなった。

遊郭吉原で生まれ育った蔦重のすべての原点は、吉原にあった。蔦重は、吉原から出版人、書店経営者としてスタートした。吉原を舞台としたり吉原を紹介・宣伝する書物を数多く編集して、販売した。それは、蔦重自身が生きるために生業《なりわい》としておこなったことであり、また、衰退していた吉原を立て直すためでもあった。

蔦重は斬新な企画力を持った編集者であり、広報力、経営能力の高い企業人であり、また、文学や絵画に対する造詣の深い文化人でもあったのだ。それゆえに、さまざまな新しい本や絵を出版し、朋誠堂喜三二《ほうせいどうきさんじ》、山東京伝《さんとうきょうでん》、恋川春町《こいかわはるまち》などの作品をヒットさせ、さらに、喜多川歌麿《きたがわうたまろ》、東洲斎写楽《とうしゅうさいしゃらく》の才能を見出し、開花させ、世に送り出すことができたのである。

蔦重は、吉原において多くの文化人の交流の場を設け、そこからさまざまな江戸の芸術・文化を生み出し、発展させた。そうして、吉原をたんなる風俗的な享楽の場から、文化サロン、あるいは文化発信の場へと高めていく役割をはたしたのである。そのような意味で蔦重は、江戸文化の改革者といえるのではないか。

この蔦重に、自由な文化的発展の追い風となるような社会的風潮をつくり出したのは、意次である。蔦重と意次の共通点といえば、その人間性かもしれない。蔦重は、両親が離婚し親類の家に養子に出され、幼い頃から苦労したに違いない。出版人としての才能もあったのは確かであるが、それだけで成功したのでなく、謙虚な姿勢と誠意を持って人に接し、信用を得ることができたのが、成功の理由のひとつではないだろうか。

意次も将軍の家重と家治に誠心誠意仕えた正直・律儀者であり、上役、同僚、部下・家臣たちに対しても傲慢な態度を見せず、細やかな気遣いを心掛けていたようである。もともと高い身分の生まれではなく、下級旗本から信用と実績を積み上げて着実に出世していった。そのような意味では意次も苦労人である。

また、二人は「成り上がり者」でもあった。蔦重は代々続く本屋の跡継ぎではなく、貸本業から身を起こして、己一代で耕書堂《こうしょどう》という一流の本屋を築き上げたのである。一方意次も身分の高い門閥譜代の出身ではなかったため、慣例にとらわれることなく、自由な発想のもとに新規の政策をおこなうことができたのである。

意次は、それまでの将軍や老中などが誰もやっていない、商人から税を徴収する制度、南鐐二朱銀《なんりょうにしゅぎん》という新しい貨幣の鋳造、蝦夷地の開発、印旛沼《いんばぬま》の干拓などの改革的政策を実行した。享保の改革、寛政の改革、天保の改革のように、江戸の三大改革には入っていないが、評価の高い改革政治で、とくに「田沼時代」と称されている。文化の面でも、それまでは、化政文化の中に入れられていた「田沼時代」の文化を、近年では「宝暦・天明期の文化」として、別に扱われているほどである。

意次の賄賂政治については、本文で述べた通り、従来のような悪者としての賄賂政治家ではなかったと考えられる。

意次の後に登場した定信は、よく誤解されているが、意次の政治を否定して、大きな政策の転換をしたといわれるが、実際には意次の政策をかなり継続しているのである。

意次は経済政策にすぐれ、定信はその逆だといわれているが、定信の物価政策や米価の安定策にはすぐれたものがある。七分積金《しちぶつみきん》という、明治時代まで続いた持続可能な政策、人足寄場《にんそくよせば》の設置や赤子養育金の支給などの福祉政策、『集古十種《しゅうこじっしゅ》』の編纂などの文化政策など、画期的な政治をおこなっている。定信はたんなる保守反動的な政治家ではない。

ただ、風紀の取り締まり、頽廃した士風の矯正に力を入れたために、景気が悪くなり、吉原の客が減ったり、蔦重を処罰したのは確かである。重要なのは、なぜ定信がこのような政策をおこなわなければならなかったのか、ということである。政治家や政策の評価は難しい。立場や視点が異なると、その評価もまったく違ってしまうからである。

何としても徳川家の存続と幕府の立て直しをしなければならない定信にとっては、風紀の乱れや贅沢《ぜいたく》は許しがたいものであった。天明の飢饉では何十万人という餓死者が出ている。生活に困窮した百姓の娘が女衒《ぜげん》に買われて吉原で働かされている。

定信は、餓死者をなくし、打ちこわしが起こらないようにするためには、厳しい取り締まりをしなければならないと考えた。命がけで真摯におこなっている政治を風刺《ふうし》したり、茶化したりするなど、とうてい認めるわけにはいかなかったのである。蔦重からすれば、なぜこの程度のことで処罰されるか理解できなかったろうが、これも立場の違いである。

本書において、三人の真実の姿を理解していただければ幸いである。最後に、昨今の出版界の苦境にもかかわらず、本書を刊行していただいた歴史春秋社の阿部隆一社長に感謝申しあげて結びといたします。

二〇二五年春

植村美洋

参考文献・資料

渋沢栄一『楽翁公伝』岩波書店　一九三七年
『宇下人言・修業録』岩波書店　一九四二年
竹内誠「寛政の改革」（児玉幸多他編『日本歴史体系3近世』）山川出版社　一九八八年
吉田伸之『近世巨大都市の社会構造』東京大学出版会　一九九一年
大石慎三郎『田沼意次の時代』岩波書店　一九九一年
藤田覚『松平定信』中央公論新社　一九九三年
『寛政の出版界と山東京伝』たばこと塩の博物館　一九九五年
松木寛『蔦屋重三郎　江戸芸術の演出者』講談社　二〇〇二年
白河市役所『白河市史二　近世』二〇〇六年
藤田覚『田沼意次』ミネルヴァ書房　二〇〇七年
竹内誠『寛政改革の研究』吉川弘文館　二〇〇九年
磯崎康彦『松平定信の生涯と芸術』ゆまに書房　二〇一〇年
林美一『喜多川歌麿（正）第六巻』河出書房新社　二〇一一年

鈴木俊幸『新版　蔦屋重三郎』平凡社　二〇一二年
藤田覚『田沼時代』吉川弘文館　二〇一二年
高澤憲治『松平定信』吉川弘文館　二〇一二年
（公財）東京都慰霊協会『松平楽翁公墓前祭講演記録集』二〇一七年
後藤一朗『田沼意次　その虚実』清水書院　二〇一九年
植村美洋『渋沢栄一と松平定信』現代書館　二〇二二年
別冊歴史人『蔦屋重三郎とは何者なのか』ＡＢＣアーク　二〇二三年
安藤優一郎『蔦屋重三郎と田沼時代の謎』ＰＨＰ研究所　二〇二四年
田中優子『蔦屋重三郎　江戸を編集した男』文藝春秋　二〇二四年
別冊太陽『蔦屋重三郎』平凡社　二〇二四年
河合敦『蔦屋重三郎と吉原』朝日新聞出版　二〇二四年

＜植村美洋　プロフィール＞

〈略歴〉

白河市在住
早稲田大学文学部日本史学科卒
福島県立高等学校教諭
中山義秀記念文学館長

〈現在〉

NPO しらかわ歴史のまちづくりフォーラム専務理事
福島県文学賞企画委員
白河市議会議員

〈おもな著書〉

『浪人』〈福島県文学賞正賞〉
『白河の１００年』（郷土出版社）
『白河大戦争』（栄光出版社）
『白河藩』（現代書館）
『渋沢栄一と松平定信』（現代書館）

江戸の改革者

蔦屋重三郎と田沼意次と松平定信

2025年 4 月24日発行

著　者　植村　美洋

発行者　阿部　隆一

発行所　歴史春秋出版株式会社
〒965-0842　福島県会津若松市門田町中野大道東8-1
電話　0242-26-6567

印　刷　北日本印刷株式会社